DIE GESCHICHTE

*die die Welt
verändert(e)*

ADVENT
VERLAG

Auszüge aus Kapiteln der Bücher *Der Auftakt, Der Sieger* und *Das Finale,* teilweise gekürzt und überarbeitet.
© 2008 Saatkorn-Verlag GmbH, Abt. Advent-Verlag

Projektleitung und Lektorat: Werner E. Lange
Korrektorat: Erika Schultz
Einbandgestaltung: Simon Eitzenberger, desim.de
Satz: rimi-grafik, Celle
Gesamtherstellung: Thiele & Schwarz GmbH, Kassel

Die Bibelzitate sind – falls nichts anderes vermerkt ist –
der *Gute Nachricht Bibel,* revidierte Fassung, entnommen.
Durchgesehene Ausgabe in neuer Rechtschreibung
© 2000 Deutsche Bibelgesellschaft, Stuttgart; herausgegeben
zusammen mit dem Katholischen Bibelwerk, Stuttgart.
Ansonsten bedeuten:

Hfa = *Hoffnung für alle – Die Bibel* (revidierte Fassung),
         © 1983, 1996, 2002 International Bible Society,
         Brunnen-Verlag, Basel und Gießen

LB = *Die Bibel nach der Übersetzung Martin Luthers*
        (revidierter Text 1984), durchgesehene Ausgabe
        in neuer Rechtschreibung,
        © 1999 Deutsche Bibelgesellschaft, Stuttgart.

4. Auflage 2024

© 2010 Advent-Verlag GmbH
Pulverweg 6 · 21337 Lüneburg
Internet: www.advent-verlag.de
E-Mail: info@advent-verlag.de

ISBN: 978-3-8150-7714-6

Warum Sie dieses Buch lesen sollten

Es ist ein beliebtes Motiv erfolgreicher Kinofilme: Ein Held rettet Menschen oder die ganze Menschheit – natürlich unter Einsatz oder gar Aufopferung seines Lebens.

Auch aus dem wirklichen Leben gibt es dafür viele Beispiele. Dieses Buch schildert die Geschichte des bedeutendsten Helden der Weltgeschichte, der die Menschheit tatsächlich vor dem endgültigen Untergang retten wird. Es geht in dieser packenden Geschichte um die Auseinandersetzung zwischen dem Guten und dem Bösen schlechthin – und ihren Protagonisten.

Auf der einen Seite steht Jesus Christus, kein Geringerer als der Sohn Gottes, und auf der anderen Seite Satan, auch der Teufel genannt. Er war ursprünglich der höchste aller Engel, die Gott geschaffen hat – Luzifer, der „Scheinende". Aber er rebellierte gegen seinen Schöpfer – und damit begann alles Unglück im Universum und auch auf unserem Planeten, denn er zog uns Menschen in seine Rebellion hinein.

Wie das geschah und wie Gott darauf reagierte, wie er einen Rettungsplan entwarf und verwirklichte, das schildert die viel gelesene Autorin Ellen G. White in ihrer Serie über den kosmischen Konflikt zwischen Gott und Satan. Die ganze Geschichte, die das antike Volk Israel, das Leben von Jesus Christus und die christliche Kirche einschließt, ist natürlich viel umfangreicher, als in diesem kleinen Buch geschildert werden kann. Aber es enthält die wesentlichen Stationen des kosmischen Konflikts von der Rebellion Luzifers bis zur Schaffung einer neuen Erde ohne Leid und Tod, und es bietet einen guten Blick hinter die Kulissen der damit verbundenen Ereignisse.

Diese Geschichte sollten Sie kennen, auch wenn Sie nicht an Gott glauben. Denn sie verändert(e) die Welt – und kann auch Ihr Leben verändern!

Die Herausgeber

Inhalt

1 | Der Ursprung des Bösen*

„Gott ist Liebe."¹ Gottes Wesen ist selbstlose Liebe, und alles, was er geschaffen hat, ist daher nicht nur ein Zeichen seiner Schöpfermacht, sondern auch ein Ausdruck seiner Liebe. Selbst die Geschichte der Auseinandersetzung zwischen Gut und Böse – von ihrem Ursprung im Himmel bis zum Niederwerfen des Aufruhrs und dem völligen Ausrotten der Sünde – offenbart Gottes unwandelbare Liebe.

Der Herr des Universums stand bei seinem Schöpfungswerk nicht allein, sondern hatte einen Partner, der seine Absichten und die Freude am Glück seiner Geschöpfe teilte. Der Sohn Gottes, der sich Jahrtausende später auf der Erde als Jesus Christus offenbarte, war stets im Wesen und in den Absichten eins mit dem Vater.² Von ihm sagte Jesaja: „Das sind die Ehrennamen, die ihm gegeben werden: umsichtiger Herrscher, mächtiger Held, ewiger Vater, Friedensfürst."³

Bei der Erschaffung aller Kreaturen wirkte Gott durch seinen Sohn, wie Paulus betonte: „Denn in ihm ist alles erschaffen worden, was im Himmel und auf der Erde lebt, die sichtbaren Geschöpfe auf der Erde und die unsichtbaren im Himmel."⁴ Die Bibel nennt die himmlischen Wesen Engel und beschreibt sie als starke Helfer, die dafür sorgen, dass Gottes Wille verwirklicht wird.⁵ Aber „in dem Sohn zeigt sich die göttliche Herrlichkeit seines Vaters, denn er ist ganz und gar Gottes Ebenbild."⁶ Christus hat den Vorrang vor allen.

Gott möchte, dass ihm alle vernunftbegabten Wesen aus Liebe dienen, weil sie seinen Charakter schätzen. Ihm liegt nichts an einem erzwungenen Gehorsam. Er wünscht sich vielmehr, dass sie ihm bewusst und aus freier Entscheidung dienen. Solange sie alle Gott gegenüber aus Liebe loyal waren, herrschte im gesamten Universum vollkommene Übereinstimmung. Kein Missklang störte die Harmonie.

---

* Dieses Kapitel basiert auf Hebräer 1,1–14, Hesekiel 28,12–17 und Jesaja 14,12–14.
¹ 1. Johannes 4,16   ² Johannes 10,30   ³ Jesaja 9,5   ⁴ Kolosser 1,16
⁵ Hebräer 1,14   ⁶ Hebräer 1,3 Hfa

Luzifers unangemessene Bestrebungen

Aber dieses glückliche Einvernehmen änderte sich. Es gab einen Engel, der die von Gott gewährte Freiheit missbrauchte. Die Sünde nahm ihren Ursprung in dem, der nach dem Sohn vom Vater die höchste Ehrenstellung empfangen hatte und unter den Bewohnern des Himmels der Mächtigste und Angesehenste war. Wie alle anderen himmlischen Geschöpfe war auch der Engelfürst Luzifer heilig und untadelig. Im Buch des Propheten Hesekiel heißt es: „Du warst das Abbild der Vollkommenheit, voller Weisheit und über die Maßen schön ... Du warst ein glänzender, schirmender Cherub,[7] und auf den heiligen Berg hatte ich [Gott] dich gesetzt, [wie] ein Gott warst du ... Du warst ohne Tadel in deinem Tun von dem Tage an, als du geschaffen wurdest, bis an dir Missetat gefunden wurde."[8]

Aber nach und nach keimte in Luzifer das Verlangen nach mehr Einfluss und Macht. „Deine Schönheit ist dir zu Kopf gestiegen, deine prachtvolle Erscheinung ließ dich handeln wie ein Narr."[9] Und an anderer Stelle wird erklärt: „Du hattest dir vorgenommen, immer höher hinauf bis zum Himmel zu steigen. Du dachtest: ‚Hoch über den Sternen will ich meinen Thron aufstellen ... Hoch über die Wolken steige ich hinauf, dann bin ich dem allerhöchsten Gott endlich gleich!'"[10] Obwohl angesehener als alle anderen Engel, war er mit seiner Stellung doch nicht zufrieden, sondern strebte nach der Anbetung der anderen vernunftbegabten Geschöpfe, die allein Gott zukam, und nach der Macht und Herrlichkeit, wie sie der Gottessohn naturgemäß besaß.

Von da an war die Eintracht im Himmel gestört. Luzifers Bestreben weckte Besorgnis bei den anderen Engeln, die Gottes Ehre als höchstes Gut ansahen. Gott selbst hatte die bestehende himmlische Ordnung begründet. Wenn Luzifer davon abwich, bedeutete das Auflehnung gegen seinen Schöpfer und würde schwerwiegende Folgen haben. An liebevollen Ermahnungen fehlte es nicht, aber die führten nicht zur Einsicht, sondern verhärteten Luzifer nur. Je mehr er dem Neid auf den Sohn Gottes Raum gab, desto entschlossener verfolgte er seine eigensüchtigen Ziele.

---

[7] Die Cherubim sind die höchsten Engelwesen.   [8] Hesekiel 28,12–15 LB
[9] Hesekiel 28,17 Hfa   [10] Jesaja 14,13.14 Hfa

Es nützte auch nichts, dass Gott, der Vater, vor der gesamten Himmelswelt klarstellte, dass sein Sohn eine unvergleichliche Stellung und Beziehung zu ihm hat. Er teilte den Thron mit dem Vater, und die Herrlichkeit des Ewigen, der aus sich selbst existiert, umschloss sie beide. Um den Thron standen Millionen von Engeln, als der Vater erklärte, dass außer seinem Sohn niemand seine Absichten ganz begreifen könne und er ihm deshalb die Durchführung seiner Vorhaben übertragen habe. Der Sohn sollte auch bei der Erschaffung der Erde und ihrer Lebewesen Gottes Pläne ausführen.

Die Engel erkannten freudig Christi Vorherrschaft an und brachten ihre Liebe und Anbetung zum Ausdruck. Auch Luzifer beugte sich mit ihnen, aber in seinem Herzen tobte ein eigenartiger Kampf. Wahrhaftigkeit und Treue lagen im Widerstreit mit Eifersucht und Neid. Der Einfluss der anderen Engel schien ihn eine Zeitlang von seinen aufrührerischen Gedanken abzubringen. Als tausendfach Lob und Dank emporstiegen, schien der Geist des Bösen überwunden zu sein. Liebe zum Vater und zum Sohn ergriff sein Herz und er fühlte sich wieder in Übereinstimmung mit den anderen Anbetern.

Doch dann packten ihn erneut Selbstsucht und Überheblichkeit. Das Verlangen nach uneingeschränkter Macht kehrte zurück, und abermals gab er dem Neid auf Christus Raum. Die hohe Stellung, die er bereits besaß, weckte in ihm keine Dankbarkeit seinem Schöpfer gegenüber. Dass sich die himmlischen Heerscharen freuten, seine Befehle auszuführen, reichte Luzifer nicht, weil Gottes Sohn über ihm stand. „Warum", so fragte er, „soll Christus die Vorherrschaft haben?"

Die Rebellion Luzifers gegen Gott

Luzifer versuchte fortan, Unzufriedenheit unter den Engeln zu säen. Eine Zeitlang verbarg er seine wahre Absicht unter einer vorgetäuschten Gottesverehrung, ließ aber hin und wieder durchblicken, dass er Zweifel an Gottes Regierung und der Machtverteilung im Himmel habe. Auch seien manche Ordnungen nicht angemessen für Engelwesen, die über genügend Weisheit und Urteilsfähigkeit verfügten, um selbst Entscheidungen zu treffen. Wie könnten sie, deren Gedanken geheiligt seien, Gott Unehre bereiten? Sie könnten sich ebenso wenig irren wie er selbst. Die herausgehobene Stellung des Sohnes Gottes stellte Luzifer als Ungerechtigkeit ihm gegenüber hin. Wenn er als oberster Engelfürst nur seine rechtmäßige Stellung erlangen könnte, würde daraus für das gesamte Universum Gutes erwachsen. So oder ähnlich sahen die raffinierten Täuschungen aus, die sich durch Luzifers Einfluss in der himmlischen Welt ausbreiteten.

An der wahren Stellung des Sohnes Gottes hatte sich nichts geändert, aber ein Teil der Engel ließ sich durch Luzifer täuschen. Indem er die Zuneigung und das Vertrauen derer missbrauchte, die unter seinem Befehl standen, flößte er ihnen sein eigenes Misstrauen und seine Unzufriedenheit ein. Dabei ging er so geschickt vor, dass sie nicht merkten, worauf das alles hinauslief: Das Wesen Gottes und dessen Absichten in einem falschen Licht erscheinen zu lassen, um Vorbehalte zu erzeugen und Unzufriedenheit zu wecken. Zwar versicherte Luzifer, Gott treu zu sein, behauptete aber, dass um der Beständigkeit der Regierung Gottes willen gewisse Veränderungen unumgänglich seien. So schürte er nach und nach Zwietracht und Auflehnung, obwohl er stets den Anschein erweckte, Gott gegenüber loyal zu sein. Er wolle nur Eintracht und Frieden erhalten, erklärte er.

Noch gab es keine offene Rebellion unter den Engeln, aber es entwickelten sich Vorbehalte, Unzufriedenheit und Parteilichkeit. Einige hörten Luzifers Anspielungen und seine versteckten Angriffe nicht ungern, weil auch sie inzwischen gegenüber dem Sohn Gottes Vorbehalte hegten. Aber die Mehrheit der Engel blieb Gott treu und ergeben. Für sie war klar, dass es an Gottes Herrschaft nichts auszusetzen gab und Christus als der Sohn Gottes zu Recht den Platz neben seinem Vater einnahm. Es gab für sie keinen Grund für Verdächtigungen und Zwietracht.

Gott war lange Zeit unglaublich nachsichtig mit Luzifer. Unzufriedenheit war ein neues Element im Universum – fremd, geheimnisvoll, unerklärlich. Luzifer erkannte anfangs nicht, wohin er trieb. Mit Liebe und Weisheit wollte man ihn von seinem Irrtum überzeugen. Man zeigte ihm, welche Folgen es haben würde, wenn er in der Auflehnung verharrte.

Luzifer begriff, dass sein Denken und Verhalten falsch und gefährlich waren. Er wusste: „Der Herr ist gerecht in allem Handeln und gütig in allen seinen Taten."[11] Er empfand, dass die göttlichen Gebote und Ordnungen gerecht sind und er das

---

[11] Psalm 145,17

vor dem gesamten Universum bekennen sollte. Wäre das geschehen, hätte er sich und viele Engel retten und seine hohe Stellung behalten können. Die Zeit für eine endgültige Entscheidung war reif: Entweder musste er sich Gott uneingeschränkt unterordnen oder offen gegen ihn rebellieren.

Luzifer wäre beinahe umgekehrt, aber dann siegten doch Ehrgeiz und Stolz über die Vernunft. Sich vor Gott zu demütigen erschien ihm als ein zu großes Opfer. Er, der so hoch geehrt worden war, hätte zugeben müssen, dass er sich geirrt hatte und einen falschen Weg gegangen war. Wie konnte er sich vor einem Gott beugen, den er als ungerecht dargestellt hatte?

In seiner Verblendung hielt Luzifer Gottes Geduld für den Beweis der eigenen Überlegenheit oder als Zeichen dafür, dass der Herrscher des Universums seinen Forderungen doch noch zustimmen würde. Wenn die Engel nur fest zu ihm stünden, so erklärte er, könnten sie noch alles gewinnen, wonach sie verlangten. Deshalb stürzte er sich nun ganz in den Kampf gegen den Schöpfer. So wurde aus Luzifer, dem „Lichtträger", Satan, der Widersacher Gottes.[12]

Voller Verachtung wies Satan die Bitten der treuen Engel zurück und verhöhnte sie als irregeleitete Untertanen. Nie wieder würde er den Vorrang des Sohnes Gottes anerkennen. Er war entschlossen, die von ihm beanspruchte Ehre einzufordern. Allen, die sich auf seine Seite schlagen würden, versprach er eine bessere Herrschaft und mehr Freiheit, als Gott sie ihnen zugestand. Ein Teil der Engel war tatsächlich bereit, seinen Führungsanspruch anzuerkennen. Dieser Zuspruch schmeichelte ihm und nährte seine Zuversicht, die gesamte Engelwelt auf seine Seite ziehen zu können und damit ein Gott zu werden.

Aber noch drängten die treuen Engel ihn und seine Anhänger, den Irrtum zu bekennen und sich Gott unterzuordnen. Sie führten ihnen die schrecklichen Folgen eines Aufruhrs vor Augen. Darüber hinaus ermahnten sie alle anderen Engel, sich nicht durch Luzifers heuchlerische Beweisführung täuschen zu lassen.

Viele waren geneigt, ihre Unzufriedenheit aufgeben und Gott um Verzeihung zu bitten. Das versuchte Luzifer zu verhindern, indem er seine Verführungstaktik änderte. Nun be-

---

[12] „Luzifer" steht in der lateinischen Übersetzung von Jesaja 14,12 für „Morgenstern"; Satan bedeutet im Hebräischen „Widersacher" oder „Feind".

hauptete er, dass die Engel, die sich ihm angeschlossen hatten, bereits zu weit gegangen wären, als dass eine Umkehr noch möglich wäre. Gott werde ihnen nicht vergeben. Er selbst werde die Vormachtstellung Christi niemals wieder anerkennen. Deshalb bleibe ihm und seinen Anhängern nur die Möglichkeit, ihre Freiheit zu behaupten und die Rechte, die man ihnen freiwillig nicht zugestand, mit Gewalt zu gewinnen.

Gott ließ den aufrührerischen Engelfürsten seine Ziele so lange verfolgen, bis sich der Geist der Unzufriedenheit zum offenen Aufruhr auswuchs. Es sollte für alle Geschöpfe und für alle Zeiten deutlich werden, was wirklich hinter den Plänen des Widersachers steckte. Gottes Herrschaft umfasste ja nicht nur die Bewohner des Himmels, sondern die aller geschaffenen Welten. Luzifer folgerte, er werde sie alle beherrschen, wenn er die Engel im Himmel in seine Rebellion mitreißen könnte.

Alles, was Satan tat, war so undurchsichtig, dass es selbst für die treu gebliebenen Engel schwer war, seine wahren Absichten zu durchschauen und zu erkennen, wohin das alles führen würde. Satan säte Zweifel gegenüber den klarsten Aussagen Gottes und seine hohe Stellung gab seinen Äußerungen Nachdruck.

Warum vernichtete Gott Satan nicht?

Gott konnte Luzifer gegenüber nur zu solchen Mitteln greifen, die im Einklang standen mit seiner Wahrhaftigkeit und Gerechtigkeit. Solche Beschränkungen gab es für den Widersacher nicht; er bediente sich ungeniert der Schmeichelei und Täuschung, um seine Ziele zu erreichen, und scheute sich nicht, Gott in Misskredit zu bringen, indem er dessen Aussagen und Gebote in ein falsches Licht rückte. Deshalb war es unumgänglich, den Bewohnern des Himmels und aller Welten zu demonstrieren, dass Gottes Herrschaft gerecht und seine Prinzipien, wie sie in seinen Geboten zum Ausdruck kommen, vollkommen sind und dem Wohl aller dienen.

Satan hatte sich den Anschein gegeben, dass es ihm nicht um sich selbst ging, sondern um das Wohl des Universums. Seine Absicht sei, die Regierung Gottes und dessen Gebote zu verbessern. Darum mussten alle den wahren Charakter Luzifers und seiner Absichten erkennen können. Doch es brauchte Zeit, damit er sich in seinen Werken offenbare. Erst wenn die schrecklichen Folgen der Auflehnung gegen Gott sichtbar geworden sind, wird Satans Wesen in seiner ganzen Abgründigkeit deutlich sein. Daher gab ihm Gott Gelegenheit, das Wesen seiner Ansprüche zu demonstrieren und die Auswirkungen seiner vorgeschlagenen Veränderungen der Gebote Gottes zu zeigen. Luzifer musste durch sein eigenes Wirken entlarvt werden. Das gesamte Weltall musste den Betrüger ohne Maske sehen.

Für Gott ist nur ein Dienst aus Liebe annehmbar, darum muss die Treue seiner vernunftbegabten Geschöpfe darauf beruhen, dass sie von seiner Gerechtigkeit und Güte überzeugt sind. Die Bewohner des Universums hätten deshalb zu diesem Zeitpunkt in der Vernichtung Satans keinen Akt der Gerechtigkeit erkennen können. Damit hätte die Gefahr bestanden, dass einige Gott aus Angst statt aus Liebe dienten. Der Einfluss des Betrügers und sein aufrührerischer Geist wären daher nicht aus der Welt geschafft worden, denn Gehorsam aus Angst oder Druck erzeugt leicht einen rebellischen Geist. Wäre Satan damals vernichtet worden, hätte sicher ein anderer Engel seine Rebellion fortgeführt. Mit dem Einsatz seiner Macht konnte Gott hier also nichts erreichen.

Zum Heil des ganzen Universums für alle Ewigkeit musste Satan seine Prinzipien in vollem Umfang entwickeln können, damit seine Anklagen gegen Gottes Herrschaft in ihrem wahren Licht erkannt werden konnten. Darüber hinaus sollte Gottes Gerechtigkeit sowie die Unveränderlichkeit seiner moralischen Gebote für immer zweifelsfrei erwiesen werden.

Satans Aufruhr sollte also dem Weltall für immer eine Lehre sein, ein ständiges Zeugnis über das Wesen der Sünde und ihre schrecklichen Folgen. So würde die Geschichte dieser Rebellion und des sich daraus ergebenden kosmischen Konflikts, wie er in der Bibel geschildert und in diesem Werk erläutert wird, für alle heiligen Geschöpfe Gottes und die erlösten Menschen in der Zukunft einen Schutz bieten, der sie davor bewahrt, über das wahre Wesen einer Rebellion gegen Gott und deren Folgen getäuscht zu werden. Nur indem Satan freie Hand erhielt und das Böse sich auswirken konnte, würde deutlich werden: „Alles, was [Gott] tut, das ist recht. Treu ist Gott und kein Böses an ihm, gerecht und wahrhaftig ist er."[13]

---

[13] 5. Mose 32,4 LB

2 | Die ersten Menschen*

Als die Erde aus der Hand des Schöpfers hervorging, war sie unvergleichlich schön. Es gab hohe Berge, sanfte Hügel und fruchtbare Ebenen mit Flüssen und Seen. Üppige Vegetation in vollendeter Schönheit weit und breit! Die Atmosphäre war rein und gesund. Nichts, was der Mensch später geschaffen hat, kann mit der ursprünglichen Schönheit der Schöpfung Gottes konkurrieren.

Nachdem die Erde mit ihrem Reichtum an Pflanzen und Tieren ins Leben gerufen war, schuf Gott als Krönung seines Schöpfungswerkes den Menschen. Im ersten Kapitel der Bibel heißt es: „Dann sprach Gott: ‚Nun wollen wir Menschen machen, ein Abbild von uns, das uns ähnlich ist!' ... So schuf Gott die Menschen nach seinem Bild ... und schuf sie als Mann und als Frau."[1] So beginnt der biblische Bericht über den Ursprung der Menschheit.

Es gibt keine Grundlage zu der Ansicht, der Mensch habe sich Schritt für Schritt und von Stufe zu Stufe aus niederen Formen tierischen Lebens entwickelt. Die Abstammung des Menschen, wie sie uns die Heilige Schrift vermittelt, geht nicht zurück auf eine Evolution von einer Urzelle bis hin zum Menschen, sondern auf einen Schöpfungsakt Gottes. Adam, der erste Mensch, war ein Geschöpf Gottes, das aus irdischen Materialien erschaffen wurde.[2] Deshalb heißt es auch im Lukasevangelium: „Adam stammte von Gott."[3]

Alles, was auf der Erde lebt, ist aus Gottes Schöpferhand hervorgegangen, aber nur der Mensch hat die Fähigkeit bekommen, Gott zu erkennen und in einer persönlichen Beziehung zu ihm zu leben. Deshalb betont der Psalmdichter: „Du hast ihm den Auftrag gegeben, über deine Geschöpfe zu herrschen. Alles hast du ihm zu Füßen gelegt."[4]

Christus allein ist das „Ebenbild" Gottes,[5] der Mensch aber wurde immerhin nach dem Bild Gottes geschaffen. Vom We-

---

* Dieses Kapitel basiert auf 1. Mose 1,25–31 und 2,1–25.
[1] 1. Mose 1,26.27 [2] 1. Mose 2,7 [3] Lukas 3,38 Hfa [4] Psalm 8,7 Hfa
[5] Kolosser 1,15; Hebräer 1,3 LB/Hfa

sen her war er in Übereinstimmung mit dem Willen Gottes und konnte göttliche Gedanken erfassen. Seine Empfindungen waren rein und seine Beweggründe und Neigungen wurden von der Vernunft beherrscht. Als Abbild Gottes war der Mensch vollkommen und glücklich und lebte ganz selbstverständlich in Harmonie mit Gottes Geboten.

Als Gott das erste Menschenpaar schuf, war es von vollendeter Schönheit, ohne jeden Makel und bekleidet mit einem Lichtgewand, wie es auch die Engel tragen. Adam und Eva waren viel größer als heutige Menschen und voller Lebensfreude.

„Dann legte Gott, der Herr, einen Garten im Osten an, in der Landschaft Eden, und brachte den Menschen, den er geformt hatte, dorthin."[6] Mit diesem Garten schuf Gott einen Lebensraum, in dem sich die Menschen wohlfühlen konnten. Die Fülle an Bäumen, Sträuchern und Früchten sorgte dafür, dass es ihnen an nichts fehlte. In der Mitte des Gartens wuchs der „Baum des Lebens",[7] der alle anderen Bäume an Pracht übertraf. Das Besondere an ihm war, dass seine Früchte die Kraft hatten, ewiges Leben zu spenden.[8]

„Der Baum der Erkenntnis" – ein Zeichen des freien Willens und eine Prüfung des Gehorsams

Zwar waren unsere Ureltern unschuldig und untadelig geschaffen worden, aber dennoch bestand die Möglichkeit, dass sie sich falsch verhielten. Gott schuf sie als eigenverantwortliche Wesen, die sich frei entscheiden konnten, ob sie Gottes Willen tun wollten oder nicht. Gott hatte sie zu einem unvergänglichen Leben bestimmt, aber ehe er ihnen ewiges Leben verleihen konnte, musste ihre Treue auf die Probe gestellt werden, wie das zuvor bei den Engeln geschehen war.

Gleich zu Beginn der Menschheitsgeschichte stellte Gott der Selbstsucht, jener unheilvollen Eigenschaft, die Satan zu Fall gebracht hatte, ein Hindernis in den Weg. Der „Baum der Erkenntnis" sollte für unsere Ureltern ein Prüfstein ihres Vertrauens, ihrer Liebe und ihres Gehorsams sein. Deshalb war es ihnen strikt verboten, von den Früchten dieses einen Baumes zu essen. Würden sie sich nicht an Gottes Weisung halten, hätte das den Tod zur Folge, weil Sünde naturgemäß von Gott trennt.[9] Damit setzte Gott die Menschen zwar der

---

[6] 1. Mose 2,8 Hfa   [7] 1. Mose 2,9   [8] 1. Mose 3,22

Verführung durch Satan aus, schuf aber zugleich die Voraussetzung dafür, dass sie dem Versucher für immer entzogen werden würden, wenn sie ihm widerstünden.

Indem Gott den ersten Menschen seinen Willen kundtat, verpflichtete er sie auf sein Gesetz. Auch als „Bild Gottes" sollten sie ihrem Schöpfer untertan sein. Gott hätte die Menschen so schaffen können, dass sie unfähig gewesen wären, seine Gebote zu übertreten – praktisch ohne einen freien Willen. Er hätte auch ihre Hände von der verbotenen Frucht zurückhalten können. Aber dann wären sie keine freien, sittlich handelnden Wesen mehr gewesen, sondern nicht viel mehr als Roboter mit Gefühlen.

Ohne die Freiheit der Entscheidung wäre der Gehorsam der Menschen erzwungen und die Entwicklung eines eigenen Charakters unmöglich gewesen. Das aber hätte Gottes Wesen widersprochen und wäre auch ihnen als vernunftbegabten Geschöpfen unwürdig gewesen. Darüber hinaus hätte dies Satans Vorwurf unterstützt, Gott führe eine Willkürherrschaft.

Gott erschuf Adam und Eva aufrichtig und ohne eine Neigung zum Bösen. Er gab ihnen die stärksten Motive, ihm treu zu bleiben: Liebe und Vertrauen zu ihm. Gehorsam war und ist die Bedingung für ein ewiges Leben in Glück und Frieden. Unter dieser Voraussetzung sollten die ersten Menschen Zugang zum „Baum des Lebens" haben.

Die ersten Menschen waren nicht nur liebevoll umsorgte Kinder ihres himmlischen Vaters, sondern auch ständig Lernende. Sie hatten Umgang mit den Engeln und das Vorrecht, von Angesicht zu Angesicht mit Gottes Sohn zu sprechen. Ihr Schöpfer selbst erklärte ihnen die Naturgesetze und lehrte sie den Umgang mit den anderen Lebewesen. Adam war mit allen Tieren vertraut, kannte ihre Eigenschaften und hatte ihnen dementsprechende Namen gegeben. Solange die Menschen die von Gott gesetzten Ordnungen und Gebote beachteten, würden sie sich fortlaufend neue Kenntnisse aneignen, weitere Quellen des Glücks entdecken und immer klarere Vorstellungen von der unerschöpflichen, unwandelbaren Liebe Gottes gewinnen.

---

[9] 1. Mose 2,16.17; vgl. Jesaja 59,2

3 | Versuchung und Sündenfall*

Satan konnte zwar ein Drittel der Engel auf seine Seite ziehen, aber nicht die Regierung Gottes stürzen. Daher suchte er nach einem neuen Betätigungsfeld für seine gottfeindlichen Ziele. Von Neid getrieben beschloss er, die Menschen in Sünde und deren Folgen zu verstricken. Ihre Liebe zum Schöpfer wollte er in Misstrauen und ihren Lobpreis in Kritik verwandeln. Wenn es ihm gelänge, die Menschen in das Elend der Sünde zu stoßen, so kalkulierte er, würde er damit auch Gott treffen und ihm Kummer verursachen.

Engel hatten Adam und Eva von Satans Aufruhr berichtet und sie auf seine verführerischen Absichten vorbereitet. Sie bekamen Einblick in Gottes gerechtes Handeln und seine Herrschaft über das Universum, die der Fürst des Bösen hatte an sich reißen wollen. Sie wussten, dass Gottes Gebote eine Offenbarung seines Willens, ein Ausdruck seines Wesens und ein Zeichen göttlicher Weisheit und Liebe sind.

Die Harmonie und der Bestand der Schöpfung hängen von der Übereinstimmung mit den Gesetzmäßigkeiten ab, die der Schöpfer festgelegt hat und von denen alle Vorgänge in der Natur bestimmt werden. Die Menschen sind darüber hinaus dem Moralgesetz verpflichtet. Ihnen ist die Fähigkeit verliehen worden zu verstehen, dass Gottes Ordnungen und Gebote sinnvoll und gerecht sind. Deshalb verlangt Gott von ihnen intelligentes und konsequentes Befolgen seiner Prinzipien.

So wie die Engel im Himmel wurden auch die Menschen im Garten Eden auf die Probe gestellt. Sie konnten Gott vertrauen, ihm gehorchen und ewig leben oder ihm misstrauen, ungehorsam sein und damit das Verderben wählen. Gott, der die abtrünnigen Engel nicht verschonen wird, konnte auch ihnen das Unheil nicht ersparen, falls sie sich gegen ihn entscheiden würden. Die Engel mahnten sie deshalb dringend, vor Satans Verführungskünsten auf der Hut zu sein.

Solange sie Gott gehorsam blieben, konnte der Versucher ihnen nichts anhaben. Sollten sie aber der Versuchung nur

---

* Dieses Kapitel basiert auf 1. Mose 3.

einmal nachgeben, würde sich ihr Wesen so verändern, dass sie hinfort Satan aus eigener Kraft nicht mehr widerstehen konnten und dem Bösen zuneigten.

Um den Menschen die Gelegenheit zu geben, ihr Vertrauen und ihre Liebe zu zeigen, setzte Gott den „Baum der Erkenntnis des Guten und Bösen" in den Garten.[1] Satan durfte den Menschen damals noch nicht mit ständigen Versuchungen nachstellen. Nur am verbotenen Baum hatte er Zugang zu ihnen. Dort würde sich zeigen, ob Adam und Eva Gott treu bleiben oder sich auf Satans Seite ziehen lassen würden.

Um sein Ziel zu erreichen, bediente sich Satan einer Schlange als Werkzeug. Sie war damals eines der schönsten und klügsten Geschöpfe. Aus dem verbotenen Baum heraus sollte sie die Aufmerksamkeit auf sich lenken und dessen Früchte essen. So verschleierte Satan, dass er im Garten Eden auf seine Beute lauerte.

Im Blick auf diese Gegebenheiten hatten die Engel Eva davor gewarnt, sich von ihrem Mann zu trennen. Beide gemeinsam stünden weniger in der Gefahr, von Satan verführt zu werden. Aber irgendwann war sie so in ihre Arbeit vertieft, dass sie sich ungewollt von Adam entfernt hatte. Plötzlich stand sie vor dem Baum der Erkenntnis. Sie betrachtete ihn mit einem Gemisch aus Neugier und Staunen. Seine Früchte sahen verlockend aus, und Eva fragte sich, weshalb Gott sie ihnen wohl vorenthielt.

Das war die Gelegenheit für den Versucher. „Hat Gott wirklich gesagt: Ihr dürft die Früchte von den Bäumen im Garten nicht essen?"[2] Eva war überrascht und erschrocken, als sie das Echo ihrer eigenen Gedanken vernahm. Aber die Schlange gewann Evas Vertrauen, indem sie deren außergewöhnlichen Liebreiz lobte. Das hörte Eva nicht ungern. Statt von diesem Ort zu fliehen, zögerte sie. Sie vermutete nicht, dass die sprechende Schlange ein Werkzeug Satans sein könnte. Deshalb erwiderte sie: „Natürlich dürfen wir sie essen, nur nicht die Früchte von dem Baum in der Mitte des Gartens. Gott hat gesagt: ‚Esst nicht davon, berührt sie nicht, sonst müsst ihr sterben!'" „Nein, nein", erklärte die Schlange, „ihr werdet bestimmt nicht sterben! Aber Gott weiß: Sobald ihr davon esst, werden euch die Augen aufgehen; ihr werdet wie Gott sein und wissen, was gut und was schlecht ist."[3]

---

[1] 1. Mose 2,9 LB   [2] 1. Mose 3,1   [3] 1. Mose 3,2–5

Die Raffinesse der satanischen Verführung

Die Schlange stellte Eva also in Aussicht, dass die Menschen durch den Genuss der Frucht eine höhere Daseinsform erreichen könnten, als sie Gott ihnen bisher zugebilligt hatte. Sie selbst habe ebenfalls von den Früchten gegessen und dadurch ungeahnte Fähigkeiten erlangt. Deshalb könne sie auch sprechen. Die Schlange ließ durchblicken, dass der Herr ihnen die Frucht absichtlich vorenthalte, um sie daran zu hindern, ihm gleich zu werden. Gerade wegen ihrer wunderbaren Eigenschaft, Weisheit und Stärke zu verleihen, habe Gott ihnen verboten, von ihr zu kosten oder sie auch nur anzurühren. Gottes Warnung ziele nur darauf ab, sie einzuschüchtern. Wie wäre es auch möglich, dass sie sterben könnten? Hatten sie nicht vom Baum des Lebens gegessen? Gott habe nur nach einem Vorwand gesucht, sie davon abzuhalten, sich weiterzuentwickeln und größere Glückseligkeit zu erlangen.

So hat es Satan seither immer gehalten und damit oft genug Erfolg gehabt. Er verleitet die Menschen dazu, an Gottes Redlichkeit, Weisheit und Liebe zu zweifeln. In ihrem Bemühen, das zu erproben, was Gott verboten hat, übersehen viele die Wahrheiten, die Gott offenbart hat und die für ihre Errettung notwendig sind. Mit der Vorspiegelung, sie gewännen ungeahnte neue Erfahrungen und Einsichten, reizt Satan die Menschen auch heute noch zum Ungehorsam. Aber das ist eine schamlose Täuschung, denn dieser Weg führt nicht zum Aufstieg, sondern zur Entwürdigung.

Der Verführer spiegelte den ersten Menschen vor, sie könnten nur gewinnen, wenn sie sich nicht an Gottes Gebot halten. Heutzutage hört man ähnliche Argumente. Viele reden verächtlich über diejenigen, die Gottes Gebote noch ernst nehmen, und verweisen auf ihre persönlichen Freiheiten, die sie gerade deshalb hätten, weil sie sich nicht durch göttliche Verbote einengen ließen. Klingt das nicht wie ein Echo der Stimme in Eden: Sobald ihr Gottes Gebot übertretet, werdet ihr wie Gott sein? Satan verheimlichte, dass er gerade deshalb ein Verstoßener geworden war, weil er Gottes Willen missachtet hatte, damit er die Menschen mit in sein eigenes Elend hineinziehen konnte. So versuchen er und alle, die sich ihm angeschlossen haben, bis heute, ihr wahres Wesen zu verheimlichen. Sie stehen auf der Seite des Bösen, treten das

Gesetz Gottes mit Füßen und sind ständig darauf aus, andere mit ins Verderben zu reißen.

Eva begann, der klaren Aussage Gottes zu misstrauen, sie würde sterben, wenn sie die Frucht aß,[4] und kam dadurch zu Fall. Im Gericht Gottes werden Menschen einst nicht deshalb verdammt werden, weil sie eine Lüge für glaubwürdig hielten, sondern weil sie die Wahrheit abgelehnt oder die Gelegenheiten versäumt haben, sie kennenzulernen. Deshalb müssen wir uns bemühen, die Wahrheit Gottes zu erkennen, denn alles, was der Bibel widerspricht, kommt vom Widersacher.

Die Schlange pflückte nun eine Frucht vom verbotenen Baum und legte sie der zögernden Frau in die Hand. Dann erinnerte sie Eva an ihre eigenen Worte, dass Gott verboten hätte, die Frucht auch nur zu berühren, wenn sie nicht sterben wollte. Als Eva merkte, dass das Anrühren der Frucht keine schlimmen Folgen hatte, wurde sie kühner. Sie meinte, „dass von dem Baum gut zu essen wäre und dass er eine Lust für die Augen wäre und verlockend, weil er klug machte. Und sie nahm von der Frucht und aß."[5]

Es erschien ihr so, als hätte sie tatsächlich eine höhere Stufe der Erkenntnis erreicht. In Wirklichkeit war sie aber zum Werkzeug Satans geworden, der sie benutzte, um auch ihren Mann ins Verderben zu reißen. In einer seltsamen Erregung, die Hände voll verbotener Früchte, suchte sie ihren Mann und erzählte ihm, was sie gerade erlebt hatte.

Adam war bestürzt und entgegnete ihr, dass hier der Widersacher Gottes die Hand im Spiel haben müsse, vor dem sie so eindringlich gewarnt worden waren. Eva müsse ihren Ungehorsam nun mit dem Leben bezahlen. Als Antwort drängte sie ihn, ebenfalls von der Frucht zu essen, und wiederholte die Worte der Schlange, dass sie keineswegs sterben müssten. Schließlich spüre sie nichts von Gottes Missfallen, sondern vielmehr eine köstliche, belebende Wirkung, die ungeahnte Kräfte wecke.

Adam begriff, dass Eva das Verbot Gottes missachtet hatte und die schlimmen Folgen tragen musste. Das löste in seinem Herzen einen furchtbaren Kampf aus. Er klagte sich an, dass er nicht an Evas Seite gewesen war, als sie dem Versucher begegnete. Aber nun war das Unglück geschehen und nicht mehr zu ändern. Er würde seine schöne Frau, die sein gan-

---

[4] 1. Mose 2,17   [5] 1. Mose 3,6 LB

zes Glück und seine Freude war, verlieren. Zwar blieb ihm die Gemeinschaft mit Gott und den heiligen Engeln und das Bewusstsein der hohen Bestimmung, die dem Menschengeschlecht zugedacht war, wenn sie Gott treu blieben.

Adam dachte nicht daran, dass Gott ihm schon einmal eine Partnerin geschenkt hatte. Aus Angst, das eine Geschenk einzubüßen, das für ihn alle anderen an Wert übertraf, verlor er alle Segnungen Gottes aus den Augen. Liebe, Dankbarkeit und Treue gegenüber dem Schöpfer wurden durch die Liebe zu seiner Frau verdrängt. Sie war ein Teil von ihm, deshalb war ihm der Gedanke an eine Trennung unerträglich. Wenn sie sterben musste, wollte er ihr Schicksal teilen.

Aber konnten nicht auch die Worte der Schlange wahr sein? Zumindest ließ sich an Eva kein einziges Zeichen des Todes entdecken. Innerlich hin- und hergerissen beschloss Adam, ebenfalls von den verbotenen Früchten zu essen und die Folgen auf sich zu nehmen.

Zuerst lebte auch Adam in der Vorstellung, eine höhere Daseinsstufe erreicht zu haben. Aber nur zu bald erfüllte ihn der Gedanke an seine Sünde mit Entsetzen. Liebe zu Gott, Freude und Friede waren dahin. Stattdessen ahnten nun beide, was Sünde wirklich ist, fürchteten sich vor der Zukunft und fühlten sich schutzlos. Das Lichtgewand, das sie umgeben hatte, war verschwunden. Um es zu ersetzen, behalfen sich notdürftig mit einem Lendenschurz aus Blättern,[6] denn sie spürten, dass sie Gott und den Engeln nicht unbekleidet unter die Augen treten konnten.

Sie begannen nun, die Tragweite ihrer Sünde zu erkennen. Adam machte seiner Gefährtin Vorwürfe, dass sie sich von ihm entfernt und auf die Schlange gehört hatte. Beide aber gaben sich der falschen Hoffnung hin, dass Gott, von dem sie so viel Liebe und Fürsorge erfahren hatten, ihnen diese eine Übertretung verzeihen oder wenigstens keine so schreckliche Strafe auferlegen würde, wie sie zunächst befürchtet hatten.

Satan dagegen war höchst zufrieden und frohlockte über seinen Erfolg. Er hatte Eva dazu verleiten können, Gottes Liebe zu misstrauen, seine Weisheit anzuzweifeln und sein ausdrückliches Verbot zu übertreten. Und durch sie war auch ihr Mann in den Strudel der Sünde hineingeraten.

---

[6] 1. Mose 3,7

Die vielfältigen Folgen der ersten Sünde

Gott wollte Adam und Eva die Folgen ihres Ungehorsams deutlich machen. Bisher hatten beide sein Kommen stets freudig begrüßt, aber jetzt fürchteten sie sich vor der Begegnung mit ihm und versteckten sich. „Aber Gott rief nach dem Menschen: ‚Wo bist du?' Der antwortete: ‚Ich hörte dich kommen und bekam Angst, weil ich nackt bin. Da habe ich mich versteckt!' ‚Wer hat dir gesagt, dass du nackt bist?', fragte Gott. ‚Hast du etwa von den verbotenen Früchten gegessen?'"[7]

Adam versuchte, die Schuld auf seine Frau und damit auf Gott selbst abzuwälzen: „Die Frau, die du mir an die Seite gestellt hast, gab mir davon; da habe ich gegessen."[8] Freiwillig, aus Liebe zu Eva, hatte er Gottes Wohlgefallen und ein ewiges Leben aufgeben wollen. Nun machte er seine Gefährtin und sogar den Schöpfer für seine Übertretung verantwortlich!

Als der Herr Eva fragte: „Warum hast du das getan?", antwortete sie: „Die Schlange hat mich dazu verführt!"[9] Auch das klingt nach Schuldverschiebung: Warum hast du die Schlange geschaffen? Warum hast du ihr erlaubt, den Garten Eden zu betreten? Selbstrechtfertigung schien damals das Schlagwort zu sein, nicht Sündenbekenntnis. So ist es bis heute geblieben.

Der Herr fällte dann das Urteil über die Schlange: „Verflucht sollst du sein wegen dieser Tat! Auf dem Bauch wirst du kriechen und Staub fressen dein Leben lang."[10] Aus dem bewundernswerten Geschöpf sollte eine verabscheute und gefürchtete Kreatur werden.

Die weiteren Worte an die Schlange bezogen sich auf Satan und kündigten seine zukünftige Niederlage und Vernichtung an: „Von nun an werden du und die Frau Feinde sein, auch zwischen deinem und ihrem Nachwuchs soll Feindschaft herrschen. Er wird dir den Kopf zertreten, und du wirst ihn in die Ferse beißen!"[11]

Eva hörte die Ankündigung, dass Schmerzen und Leid hinfort ihr Leben prägen würden: „Du wirst viel Mühe haben in der Schwangerschaft. Unter Schmerzen wirst du deine Kinder zur Welt bringen. Du wirst dich nach deinem Mann sehnen, aber er wird dein Herr sein!"[12] Eine weitere Folge der Sünde war also, dass ihre Partnerschaft in Mitleidenschaft gezogen

---

[7] 1. Mose 3,9–11   [8] 1. Mose 3,12   [9] 1. Mose 3,13 Hfa   [10] 1. Mose 3,14
[11] 1. Mose 3,15 Hfa   [12] 1. Mose 3,16 Hfa

wurde und Eintracht oft nur um den Preis der Unterordnung zu erreichen war.

Zu Adam sagte Gott: „Weil du auf deine Frau gehört und mein Verbot übertreten hast, gilt von nun an: Deinetwegen ist der Acker verflucht. Mit Mühsal wirst du dich davon ernähren dein Leben lang. Dornen und Disteln werden dort wachsen, und du wirst die Pflanzen des Feldes essen. Viel Schweiß musst du vergießen, um dein tägliches Brot zu bekommen, bis du zurückkehrst zur Erde, von der du genommen bist."[13]

Großzügig hatte Gott den Menschen Gutes gewährt und sie vor dem Bösen bewahrt. Aber sie hatten von den verbotenen Früchten gegessen und würden nun ihr Leben lang die Erkenntnis und Erfahrung des Bösen nicht mehr loswerden. Statt Freude an der Arbeit zu haben, wie es Gott gewollt hatte, würden Sorge und Mühsal, Enttäuschung, Kummer, Schmerz und schließlich der Tod ihr Los sein.

Dass das Leben der Menschen fortan von Sorge und Mühe überschattet sein würde, war aber nicht nur Strafe, sondern zugleich ein Zeichen der Liebe Gottes. Um das wahre Wesen der Sünde zu begreifen, brauchten sie diese „Schule des Lebens". Sie sollten lernen, ihre Wünsche und Begierden zu zügeln und sich selbst zu beherrschen. Gott hatte die Menschen nicht unwiderruflich verstoßen, sondern wollte sie aus der Erniedrigung und dem Verderben wieder herausführen.

Die Warnung Gottes, „Sobald du davon isst, musst du sterben!",[14] bedeutete nicht, dass sie am selben Tag sterben würden. Aber für den Fall des Ungehorsams war von vornherein klar, dass letztlich der Tod ihr Schicksal sein würde.

Um ewig leben zu können, hätte der Mensch auch weiterhin vom „Baum des Lebens" essen müssen. Entzog man ihm die Lebensfrucht, nahm seine Lebenskraft allmählich ab, bis sie erlosch. Deshalb war es Satans Hoffnung, dass Adam und Eva weiterhin vom Baum des Lebens essen und dadurch ihr Dasein in Sünde und Elend verewigen würden. Doch Gott verhinderte das, indem er den Zugang zum „Baum des Lebens" durch Engel versperren und bewachen ließ.[15] Es war schon schlimm genug, dass der Mensch zum Sünder geworden war; unsterbliche Sünder sollte es nicht auch noch geben.

---

[13] 1. Mose 3,17–19   [14] 1. Mose 2,17 Hfa   [15] 1. Mose 3,22.24

Ist Gott zu streng gewesen?

Viele sind der Meinung, dass eine so geringfügige Verfehlung wie der Griff zur verbotenen Frucht im Paradies die schrecklichen Folgen des Ungehorsams nicht rechtfertigt. Wenn sie etwas genauer hinsähen, würden sie ihren Irrtum erkennen. Gott hatte den Menschen nach seinem Bild geschaffen, frei von Sünde und Schuld. Das Verbot, von einem bestimmten Baum im Garten zu essen, kann nicht gerade als harte Prüfung bezeichnet werden. Das machte die Übertretung umso schwerwiegender. Aber selbst wenn Gott die Hürde des Gehorsams ganz hoch bemessen hätte, gäbe es sicher Menschen, die argumentieren würden: „Mag ja sein, dass man Gott in wichtigen Angelegenheiten gehorchen muss, aber in kleinen Dingen nimmt er es bestimmt nicht so genau."

Viele lehren, Gottes Gesetz sei nicht wirklich verbindlich oder halten es für unmöglich, Gottes Forderungen vollständig nachzukommen. Doch wenn dem so wäre, müsste man fragen, warum Adam und Eva überhaupt bestraft wurden? Die Sünde unserer ersten Eltern brachte Schuld und Leid über die ganze Welt. Ohne die Güte und Barmherzigkeit Gottes wäre sie in hoffnungslose Verzweiflung gestürzt worden. Niemand lasse sich täuschen: „Der Lohn, den die Sünde zahlt, ist der Tod."[16] Er ist eine natürliche und zwangsläufige Folge der Sünde.

Nach dem Sündenfall durften Adam und Eva nicht länger im Garten Eden leben.[17] Sie gelobten zwar für die Zukunft unbedingten Gehorsam, doch ihr Wesen war durch die Sünde so verändert worden, dass ihre moralische Kraft nicht ausreichte, dem Bösen zu widerstehen. Außerdem würde das Bewusstsein ihrer Schuld es unmöglich machen, rechtschaffen zu bleiben.

Niedergeschlagen und unsagbar traurig mussten unsere Ureltern das Paradies verlassen, sich jenseits von Eden ein neues Zuhause schaffen und ihr Leben in einer Welt führen, die nun von Sünden und deren Folgen geprägt war. Als Adam und seine Frau später in der Natur zum ersten Mal die Zeichen der Vergänglichkeit wahrnahmen, war ihre Trauer darüber größer als die heutiger Menschen über den Verlust von Angehörigen. Als die stattlichen Bäume ihre Blätter abwarfen, machte ihnen das schmerzlich bewusst, dass fortan der Tod das Schicksal jedes lebendigen Wesens war.

---

[16] Römer 6,23   [17] 1. Mose 3,23

4 | Gottes Plan zur Erlösung

Im Himmel herrschte Trauer über den Sündenfall auf Erden. Es schien keine Rettung für die schuldbeladenen Menschen zu geben. Auch Gottes Sohn war von Mitleid erfüllt, wenn er an ihre Leiden dachte. Aber Gott liebte sie trotz ihres Versagens und hatte einen Plan zu ihrer Erlösung.

Das gebrochene Gesetz Gottes forderte das Leben der Sünder. Nur einer, der Gott gleich war, konnte für dessen Übertretung Sühne leisten. Niemand außer dem Sohn Gottes, dem Gesetzgeber, war imstande, die gefallenen Menschen vom Fluch des Gesetzes zu befreien und wieder mit dem Himmel in Einklang zu bringen. Und er war bereit, die Schuld der Sünder auf sich zu nehmen, um die Verlorenen zu retten.

Der Erlösungsplan war zwar schon vor der Erschaffung der Erde gelegt worden, und der Sohn Gottes war von Anfang der Welt an das ausersehene Opfer; dennoch war es für Gott, den Vater, eine schwere Entscheidung, ihn für die schuldige Menschheit dem Tod preiszugeben. Aber er tat es, denn „Gott hat die Menschen so sehr geliebt, dass er seinen einzigen Sohn für sie hergab. Jeder, der an ihn glaubt, wird nicht zugrunde gehen, sondern das ewige Leben haben."[1] Welch ein unbegreifliches Verhalten: Gott liebt eine Welt, die ihn nicht liebt!

Die ersten Menschen waren durch ihre Sünde in ihrem Wesen so stark verändert worden, dass sie von sich aus nicht wieder mit Gott ins Reine kommen konnten. Deshalb musste die Rettung von außen her geschehen. Der Sohn Gottes war dazu bereit. Er konnte den Menschen auch die Kraft zum Halten der Gebote schenken. So war es für die verlorenen Kinder Adams möglich, durch Reue und Glauben an Christus wieder zu Kindern Gottes zu werden.

Als der Sohn Gottes die Engel in den Erlösungsplan einweihte, rief das Erstaunen und Trauer hervor. Es war für sie unbegreiflich und unerträglich, dass er in die Niederungen der Erde hinabsteigen sollte, um dort Schmerz, Schande und Tod zu erleiden. Aber er erklärte ihnen, dass dies der einzig

---

[1] Johannes 3,16 Hfa

mögliche Weg sei, die Menschen zu retten. Er müsse selbst Mensch werden, um ihre Sorgen und Versuchungen am eigenen Leib kennenzulernen. Nur dadurch sei es ihm möglich, denen zu helfen, die von Satan versucht und zum Bösen verleitet werden. Schließlich müsse er – stellvertretend für die schuldige Menschheit – sogar den endgültigen, den „zweiten Tod" auf sich nehmen, die eigentliche Bestrafung der Sünder.[2] Er verhehle nicht, dass es ihn in große Seelenangst stürzen werde, die Sündenlast der ganzen Welt tragen und spüren zu müssen, weil der Vater sein Angesicht vor ihm verbergen würde.

Der Sohn Gottes sagte den Engeln auch voraus, dass es ihnen schwerfallen werde, nicht eingreifen zu dürfen, wenn sie miterleben müssten, wie er von seinen Feinden gedemütigt, gequält und schließlich umgebracht werden würde. Deshalb müssten sie begreifen, dass all das zum Erlösungsplan gehöre und sich auch so erfüllen müsse. Sie sollten aber auch wissen, dass sein Leiden und Sterben vielen Menschen die Tür zum ewigen Leben öffnen und dem Tod für immer die Macht nehmen werde. Das sei der einzige Weg, Menschen wieder zur Treue gegenüber Gott zurückzuführen, und werde schließlich dazu führen, dass die Sünde und jeder reuelose Sünder aus dem Universum vertilgt und der Frieden im Himmel und auf Erden nie wieder gestört wird.

Gott schenkt Hoffnung auf Erlösung

Gottes Urteilsspruch über Satan lautete: „Von nun an werden du und die Frau Feinde sein, auch zwischen deinem und ihrem Nachwuchs soll Feindschaft herrschen. Er wird dir den Kopf zertreten, und du wirst ihn in die Ferse beißen!"[3] Gott sagte einen Konflikt zwischen den Menschen und Satan voraus, aber auch die Überwindung der Macht des Bösen. Adam und Eva standen als Schuldige vor dem gerechten Gott. Aber ehe sie etwas hörten über ihr künftiges Leben in Mühsal und Sorge oder davon, dass sie wieder zu Erde werden sollten,[4] wurde ihnen zugesichert, dass sie zwar zu leiden hätten, aber letztlich doch Teilhaber des Sieges über Satan und die Sünde sein könnten. Das weckte in ihnen Hoffnung.

Zugleich musste Satan erkennen, dass sein Plan, die Menschen zugrunde zu richten, nicht wie erwartet aufgehen

---

[2] Offenbarung 20,13–15   [3] 1. Mose 3,15 Hfa   [4] 1. Mose 3,16–19

würde. Ihnen sollte auf eine Weise, die er nicht verhindern konnte, Kraft zum Widerstand gegen ihn geschenkt werden. Dennoch frohlockten er und seine Anhänger, weil sie eine Chance sahen, nach dem Fall der Menschen auch den Sohn Gottes von seiner einzigartigen Stellung stürzen zu können. Wenn er Mensch würde, müsste es möglich sein, ihn zu verführen – schließlich war das auch bei Adam und Eva gelungen.

Engel vermittelten Adam und Eva ein tieferes Verständnis des Erlösungsplanes und versicherten ihnen, dass sie trotz ihres Versagens nicht gnadenlos der Herrschaft Satans ausgesetzt sein würden. Sie konnten durch Christus wieder zu Kindern Gottes werden.

Unsere Ureltern begriffen, welche Schuld sie auf sich geladen hatten und welch schreckliche Folgen das für sie und ihre Nachkommen haben würde. Sie wünschten sich, die Strafe möge nicht Gottes Sohn treffen, sondern lieber sie, die ja die Schuldigen waren. Aber schließlich mussten sie einsehen, dass Gottes Gesetz die Grundlage seiner Herrschaft ist und nicht einmal das Leben eines Engels als Sühneopfer genügen würde. Nur der Sohn Gottes, der die Menschen geschaffen hatte, war imstande, die Kluft zwischen den Menschen und Gott zu überbrücken, indem er selbst ein Mensch wurde und stellvertretend ihre Strafe auf sich nahm. Wie Adams Übertretung Elend und Tod gebracht hatte, so würde Christi Opfer neues Leben und Unsterblichkeit verleihen.

Bei seiner Erschaffung war der Mensch zum Herrn über die Erde bestimmt worden. Aber als er der Versuchung Satans erlag, gerieten er und die ganze Schöpfung unter die Herrschaft des Widersachers. Damit wurde Satan „der Herrscher dieser Welt".[5] Doch das sollte nicht so bleiben. Der Sohn Gottes würde durch sein Opfer nicht nur die Menschen erlösen, sondern auch die von ihnen verspielte Herrschaft zurückgewinnen.

Gott hatte die Erde zum Aufenthaltsort glücklicher Menschen geschaffen, aber die Sünde trennte sie von ihm. Allein die Sühne durch Christi Tod konnte den Abgrund überbrücken. Durch seinen Sohn und die Engel wollte Gott, der Vater, wieder mit den Menschen in Verbindung treten. Was er von Anfang an plante, wird verwirklicht werden, wenn die von Sünde, Leid und Tod befreite neue Erde für immer die Heimat der Erlösten sein wird.[6]

---

[5] Johannes 12,31; 2. Korinther 4,4   [6] Offenbarung 21,3.4

Adam und Eva erfuhren auch, dass Christi Opfer zur Errettung der Welt zwar für alle Menschen genügen, aber nicht von allen in Anspruch genommen würde. Viele würden lieber ein Leben ohne Gott führen wollen, statt ihre Sünden zu bereuen und sich an Gottes Geboten zu orientieren. Gottlosigkeit und frevelhaftes Verhalten würden im Laufe der Zeit zunehmen und der Fluch der Sünde immer schwerer auf Menschen, Tieren und der Natur lasten. Die Lebenszeit des Menschen würde infolge der Degeneration kürzer werden, seine körperliche, geistige und sittliche Kraft abnehmen, sodass das Elend auf Erden zunehmen werde. Zügellosigkeit und Leidenschaften würden Menschen unempfänglich machen für die Wahrheiten des Erlösungsplans. Aber es werde auch immer welche geben, die sich zu Gott halten und seinen Willen respektieren. Denen werde Christus beistehen und ihnen die Kraft zu einem gottgewollten Leben schenken.

Die umfassendere Bedeutung der Erlösung Christi

Der Erlösungsplan beschränkt sich nicht auf die Rettung der Menschen. Der Sohn Gottes kam nicht nur auf die Erde, um die Bewohner unserer kleinen Welt zu Gott zurückzubringen und vor dem Untergang zu bewahren. Sein Ziel war es auch, den Vater vor dem Universum zu rechtfertigen, indem er Satans wahre Absichten und dessen Charakter entlarvte. Das klang in Jesu Worten an, als er kurz vor seiner Kreuzigung sagte: „Jetzt wird Gericht gehalten über diese Welt. Jetzt wird der Herrscher dieser Welt gestürzt. Ich aber werde von der Erde erhöht werden, und dann werde ich alle zu mir ziehen."[7]

Christi Opfer zur Errettung der Menschen würde zugleich Gott und seinen Sohn vor dem ganzen Weltall in ihrem Handeln gegenüber Satan rechtfertigen. Es würde ferner die ewige Gültigkeit des göttlichen Gesetzes bestätigen sowie das Wesen und die Folgen der Sünde aufdecken.

Gott gab den gefallenen Menschen die Möglichkeit, seine Gnade wiederzuerlangen und am Ende auf die für sie neu geschaffene Erde zurückzukehren. Der große Konflikt, der im Himmel begonnen hatte, wurde auf eben dem Schlachtfeld entschieden, das Satan als sein Eigentum beanspruchte.

---

[7] Johannes 12,31.32

5 | Der Sohn Gottes wird Mensch*

Von Ewigkeit her sind Gott und sein Sohn eins.[1] Christus ist das Ebenbild des Vaters, der „Abglanz seiner Herrlichkeit".[2] Um den Menschen die Herrlichkeit des Charakters Gottes und die Größe seiner Liebe zu offenbaren, kam Gottes Sohn als Mensch auf diese Erde. Der Prophet Jesaja sagte 700 Jahre zuvor voraus: „‚Eine Jungfrau wird schwanger sein und einen Sohn gebären, und sie werden ihm den Namen Immanuel geben', das heißt übersetzt: Gott mit uns."[3]

Jesus war gleichsam „das Wort Gottes",[4] mit dem der Vater sich verständlich machte. Diese Selbstoffenbarung war aber nicht nur für die Menschen bestimmt, sondern galt allen vernunftbegabten Geschöpfen des Universums Gottes und sollte ihnen wahre Gotteserkenntnis und große Freude vermitteln. Die erlösten Menschen und die Wesen, die nicht in Sünde gefallen sind, erkennen, dass die Herrlichkeit, die im Angesicht Christi scheint, die Herrlichkeit selbstaufopfernder Liebe ist. Sie begreifen, dass es nur eine gute Lebensordnung im Himmel und auf Erden geben kann: selbstlose Liebe – eine Liebe, die „nicht den eigenen Vorteil sucht"[5] und ihre Quelle in Gott hat. Sie zeigte sich in Jesus, der „sanftmütig und von Herzen demütig" ist.[6]

Der Unterschied zwischen Luzifer, dem rebellischen Engelfürsten, und Christus, dem Sohn Gottes, ist deutlich. Satans Absichten waren: „Ich will in den Himmel steigen und meinen Thron über die [Engel] Gottes erhöhen ... Ich will ... gleich sein dem Allerhöchsten."[7] Ganz anders Christus: „Obwohl er in göttlicher Gestalt war, hielt er nicht selbstsüchtig daran fest, Gott gleich zu sein. Nein, er verzichtete darauf und wurde einem Sklaven gleich: Er nahm menschliche Gestalt an und wurde wie jeder andere Mensch geboren."[8]

---

* Dieses Kapitel basiert auf Matthäus 1,18–25.
[1] Johanntes 10,30   [2] Hebräer 1,3 LB   [3] Matthäus 1,23 LB; vgl. Jesaja 7,14
[4] Offenbarung 19,13; vgl. Johannes 1,1.14
[5] 1. Korinther 13,5; 1. Johannes 4,7.8   [6] 1. Johannes 4,9; Matthäus 11,29 LB
[7] Jesaja 14,13.14 LB   [8] Philipper 2,6.7. Hfa

Seine Menschwerdung bringt uns Rettung

Der Sohn Gottes hätte die Herrlichkeit des Himmels nicht verlassen müssen, aber er entschied sich, vom Thron des Universums zu steigen, um die verlorenen Menschen zu retten und ihnen ewiges Leben zu ermöglichen. Vor über 2000 Jahren war im Himmel sein Ausspruch zu hören: „Du hast mir einen Leib gegeben; er soll das Opfer sein. Dir [reicht] nicht, dass man dir Tiere schlachtet und zur Sühne auf dem Altar verbrennt. Deshalb habe ich gesagt: ‚Ich komme, um deinen Willen, mein Gott, zu erfüllen'".[9]

Der Sohn Gottes wollte als Mensch auf diese Erde kommen. Wenn er in der Herrlichkeit gekommen wäre, die er beim Vater hatte, ehe die Erde erschaffen wurde,[10] hätten wir das grelle Licht seiner Gegenwart nicht ertragen können.[11] Damit wir ihn aber sehen konnten, ohne vernichtet zu werden, verbarg der Sohn Gottes seine Herrlichkeit und Göttlichkeit durch seine menschliche Natur.

Er wurde ein Mensch wie wir, damit wir das Leben und den Charakter Gottes kennenlernen. Der Apostel Johannes sagte es so: „Das Wort [Gottes] wurde Mensch und lebte unter uns. Wir selbst haben seine göttliche Herrlichkeit gesehen, wie sie Gott nur seinem einzigen Sohn gibt. In ihm sind Gottes vergebende Liebe und Treue zu uns gekommen."[12] Weil Jesus unter uns Menschen lebte, kann jeder verstehen, dass der Schöpfer ein Freund der Sünder ist. Im ganzen Erdenleben des Erlösers sehen wir „Gott mit uns".[13]

Satan beschuldigt Gott, die Schuld am Sündenfall Adams und Evas zu tragen, und führt Menschen dazu, Gott selbst als den Urheber von Sünde, Leid und Tod anzusehen. Satan stellt Gottes Gebote, die von dem Prinzip der Liebe getragen sind,[14] als ein Gesetz hin, das aus Selbstsucht gegeben wurde, und behauptet, wir könnten die Gebote nicht halten. Jesus sollte diese Täuschungen entlarven und als ein Mensch ein Beispiel des Gehorsams geben. Deshalb nahm er dieselbe Natur an, die wir besitzen, und machte unsere Erfahrungen durch. Er „musste in jeder Beziehung seinen Brüdern und Schwestern gleich werden".[15] Wenn wir etwas ertragen müssten, das Jesus

---

[9] Hebräer 10,5–7 Hfa   [10] Johannes 17,5   [11] 2. Mose 33,18.20
[12] Johannes 1,14 Hfa   [13] Matthäus 1,23 Hfa   [14] Matthäus 22,37–40
[15] Hebräer 2,17

nicht ertragen hat, würde Satan behaupten, dass die Kraft Gottes für uns nicht ausreiche, seine Gebote zu halten. Daher musste „Christus mit denselben Versuchungen kämpfen wie wir, doch im Gegensatz zu uns hat er nie gesündigt".[16] Er ertrug Prüfungen, die schwerer sind, als die, die uns begegnen mögen, und er benutzte keine Kraftquelle zu seinen Gunsten, die nicht auch uns frei zur Verfügung steht. Als ein Mensch trat er den Versuchungen entgegen und überwand sie mit der Stärke, die ihm Gott vermittelte. Er zeigte damit, dass auch wir aus der Glaubensverbindung mit Gott die Gebote halten können und in welchem Sinn sie zu verstehen sind.

Durch sein Menschsein ist Christus mit der Menschheit verbunden und durch seine Gottheit mit dem himmlischen Vater. Als „Menschensohn"[17] ist er uns Vorbild im Gehorsam, als Gottessohn schenkt er uns die Kraft dazu. Er sagte: „Ich habe von Gott alle Macht im Himmel und auf der Erde erhalten."[18] Sein Name Immanuel – Gott mit uns – ist die Garantie, dass die Menschheit von der Sünde erlöst wird, und die Gewissheit, dass wir die Befähigung zum Halten der Gebote Gottes bekommen.

In seinem Leben offenbarte Jesus einen Charakter, der im krassen Gegensatz zu dem von Satan steht. Der rebellische Engelfürst suchte den Weg nach oben, aber der Sohn Gottes „erniedrigte sich selbst und war Gott gehorsam bis zum Tod, ja, bis zum schändlichen Tod am Kreuz".[19] Er nahm die Gestalt eines Sklaven der Sünde an und opferte sich selbst. Er war Priester und Opfer zugleich. „Wegen unserer Schuld wurde er gequält und wegen unseres Ungehorsams geschlagen. Die Strafe für unsere Schuld traf ihn und wir sind gerettet. Er wurde verwundet und wir sind heil geworden."[20]

Er wurde behandelt, wie wir es verdienen

Gott behandelt seinen Sohn, wie wir sündigen Menschen es verdient hätten. Er wurde wegen unserer Sünden verdammt, an denen er keinerlei Anteil hatte, damit wir durch seine Gerechtigkeit, an der wir keinen Anteil haben, vor Gott schuldlos und rein dastehen. Weil Jesus am Kreuz unsere Schuld sühnte, können wir als Gerechtfertigte vor Gott dastehen.

---

[16] Hebräer 4,15 Hfa   [17] Matthäus 8,20; 9,6 u. v. a.   [18] Matthäus 28,18 Hfa
[19] Philipper 2,8 Hfa   [20] Jesaja 53,5

Christus erlitt den Tod, den wir verdient haben, damit wir das Leben empfangen, das ihm zu eigen ist.

Satan hatte beabsichtigt, eine ewige Trennung zwischen Gott und den Menschen herbeizuführen, aber indem der Sohn Gottes Mensch wurde, verband er sich mit uns mit einer Kette, die niemals zerbrechen wird. „Gott hat die Menschen so sehr geliebt, dass er seinen einzigen Sohn für sie hergab. Jeder, der an ihn glaubt, wird nicht zugrunde gehen, sondern das ewige Leben haben."[21] Gott gab ihn nicht nur her, damit er als Sühnopfer für unsere Schuld starb, sondern damit er auf ewig eins mit der menschlichen Familie wurde und die menschliche Natur für immer behalten würde.[22]

Darauf deuten bereits alttestamentliche Prophetenworte hin. Jesaja schrieb: „Denn uns ist ein Kind geboren! Ein Sohn ist uns geschenkt! Er wird die Herrschaft übernehmen. Man nennt ihn ‚Wunderbarer Ratgeber', ‚Starker Gott', ‚Ewiger Vater', ‚Friedensfürst'."[23] Gott hat die menschliche Natur in Person seines Sohnes angenommen und in den Himmel aufgenommen. „Er ist heilig und ohne jede Schuld, rein und ohne Fehler, von Gott hoch erhoben auf den Ehrenplatz im Himmel" zu seiner Rechten, wo er als unser Mittler und Fürsprecher dient.[24] Er „schämt sich ... nicht, [uns] seine Brüder und Schwestern zu nennen".[25] Der Himmel ist in Christus in die Menschheit eingebettet und die Menschen sind durch ihn von der himmlischen Liebe umarmt worden.

Durch das Erlösungswerk Christi ist Gottes Art der Herrschaft gerechtfertigt worden. Der Allmächtige hat sich als der Gott der Liebe offenbart. Jesus hat Satans Behauptungen widerlegt und dessen wahren Charakter offenbart, ihn demaskiert. Das wird die gesamte Schöpfung Gottes davor bewahren, dass Rebellion, Sünde und Abfall ein zweites Mal auftreten. Durch das Opfer, das Jesus in seiner selbstlosen Liebe für uns gebracht hat, sind der Himmel und die Erde in einer unzerbrechlichen Verbindung vereint worden.

---

[21] Johannes 3,16 Hfa   [22] 1. Timotheus 2,5   [23] Jesaja 9,5 Hfa
[24] Hebräer 7,26 Hfa; 8,1; Römer 8,34   [25] Hebräer 2,11 Hfa

6 | Satan stellt Jesus auf die Probe*

Jesus legte es nicht darauf an, in Versuchung zu geraten. Nach seiner Taufe im Jordan durch Johannes[1] ging Jesus in die Einöde Judäas, um über seine Aufgaben als Erlöser nachzudenken. Mit Beten und Fasten wollte er sich auf den Weg vorbereiten, der vor ihm lag und am Kreuz enden würde. Doch Satan dachte, dies sei der geeignete Zeitpunkt, um Jesus auf die Probe zu stellen und ihn zu Fall zu bringen.

Für Satan stand einiges auf dem Spiel. Er beanspruchte die Herrschaft über die Erde und sah sich selbst als „Fürst dieser Welt".[2] Um seinen Anspruch zu untermauern, behauptete er, die ersten Menschen hätten ihn als ihren Herrscher erwählt, als sie im Paradies seinem Willen folgten. Nun war der Sohn Gottes gekommen, um diesen Anspruch zu widerlegen. Indem Christus als Mensch Gott völlig treu blieb, sollte deutlich werden, dass Satan nicht die völlige Kontrolle über die Menschheit besaß. Wenn aber sein Anspruch unrechtmäßig war, bestand Hoffnung für alle, die sich nach Befreiung von der Herrschaft des Bösen sehnten.

Nachdem Satan die ersten Menschen zur Sünde verführt hatte, benutzte er ihren Ungehorsam als Beleg dafür, dass niemand Gottes Gebote erfüllen kann. In unserer menschlichen Natur sollte der Sohn Gottes siegen, wo Adam versagt hatte. Dabei hatte Jesus eine schwierigere Ausgangsposition als er. Als die ersten Menschen von Satan versucht wurden, waren sie im Vollbesitz der geistigen und körperlichen Kräfte vollkommener Menschen und noch nicht von den Auswirkungen der Sünde degeneriert. Sie lebten im herrlichen Garten Eden und hatten täglich persönlichen Kontakt mit Engeln und mit ihrem Schöpfer.

Als Jesus sich der Auseinandersetzung mit Satan in der Einöde Judäas stellte, waren die Bedingungen anders. Die jahrtausendelangen Auswirkungen der Sünde hatten die

---

* Dieses Kapitel bezieht sich auf Matthäus 4,1–11.
[1] Matthäus 3,13–17   [2] Johannes 12,31; 14,30 LB

33

Menschen geistig, körperlich und moralisch geschwächt. Und Christus hatte alle Schwächen der degenerierten Menschheit angenommen. Nur auf diese Weise konnte er uns aus den Tiefen unserer moralischen Erniedrigung retten.

Manche Leute behaupten, dass Jesus keinen Versuchungen erliegen konnte, weil er der Sohn Gottes war. Aber dann hätte er nicht die Stelle Adams einnehmen können, um dort den Sieg zu erringen, wo unser Vorvater versagt hatte. Wie sollte Christus uns helfen können, wenn wir eine schwierigere Auseinandersetzung mit dem Bösen durchzustehen hätten als er? Er nahm unser Menschsein mit all seiner Anfälligkeit an, selbst mit der Möglichkeit, in einer Versuchung nachzugeben. Wir haben nichts zu ertragen, was nicht auch er durchstanden hätte.

Viele betrachten diese Auseinandersetzung zwischen Satan und Jesus, als ob sie ihr persönliches Leben kaum berührt. Aber in jedem Menschen spielt sich ein ähnlicher Konflikt ab. „Selbstsüchtige Wünsche, die Gier nach allem, was einem ins Auge fällt, Selbstgefälligkeit und Hochmut" sind die Versuchungen, mit denen wir zu tun haben.[3] Jesus wurden die Versuchungen jedoch in so viel stärkerem Maße aufgezwungen, wie sein Charakter erhabener war als unserer.

Satan sät Zweifel an Gottes Wort

Der Teufel versuchte zuerst, Jesus auf dem Gebiet zu Fall zu bringen, auf dem er auch bei den ersten Menschen Erfolg hatte. Es ging um die Esslust. „Nachdem [Jesus] vierzig Tage und Nächte gefastet hatte, war er hungrig. Da trat der Versucher an ihn heran und sagte: ‚Wenn du Gottes Sohn bist, dann befiehl doch, dass die Steine hier zu Brot werden!'"[4] Schon diese Worte verrieten den wahren Charakter dessen, der Jesus versuchte, denn Satan erschien ihm als ein Engel von Gott. Wie im Paradies säte er Zweifel, als er Eva einflüsterte, es könne doch kein liebevoller Gott sein, der seinen Geschöpfen etwas Gutes vorenthielt. In ähnlicher Weise flüsterte Satan nun Christus ein: Würde Gott seinen Sohn tatsächlich so behandeln und ihn in der Einöde mit wilden Tieren, ohne Nahrung, ohne Gemeinschaft der Engel, ohne Trost lassen? Satan legte Jesus nahe, dass Gott niemals wollte, dass sich sein Sohn

---

[3] 1. Johannes 2,16 Hfa   [4] Matthäus 4,2.3

in solch einer Lage befände. „Wenn du Gottes Sohn bist, dann befiehl doch, dass die Steine hier zu Brot werden!"

Satan hatte noch die Worte vom Himmel im Ohr, mit denen sich Gott zu Christus bei dessen Taufe bekannt hatte: „Dies ist mein geliebter Sohn."[5] Diese Aussage des himmlischen Vaters war für Jesus die Zusicherung seiner göttlichen Mission und seiner einzigartigen Verbindung zu Gott. Der Teufel wollte Jesus verleiten, dieser Zusage zu misstrauen, denn er wusste: Wenn es ihm gelang, Christi Vertrauen in den Vater zu erschüttern, konnte er ihn überwinden. Er hoffte, dass Jesus unter dem Einfluss von Hunger und Verzweiflung für sich ein Wunder wirken würde. Wäre Jesus auf seinen Vorschlag eingegangen, hätte er die Chance zur Errettung der Menschen gleich zu Anfang verspielt.

Christus durfte seine göttliche Macht nicht zu seinem eigenen Vorteil einsetzen. Er war gekommen, um die Prüfungen zu bestehen, wie wir es müssen, und uns ein Beispiel des Glaubens und des Gehorsams zu geben. Weder jetzt noch später wirkte er ein Wunder für sich oder aus eigener Vollmacht. Er vollbrachte sie durch den Heiligen Geist.

Gestärkt durch die Erinnerung an die Worte vom Himmel bei seiner Taufe vertraute Jesus der Liebe seines Vaters. Er trat Satan mit einem Bibelwort entgegen: „Es steht in der Heiligen Schrift: ‚Der Mensch lebt nicht allein von Brot, sondern von allem, was Gott ihm zusagt!'"[6] Jesu Waffe im Kampf mit Satan war das Wort Gottes. Der verlangte von ihm ein Wunder, aber ein festes Vertrauen auf das Wort Gottes ist größer als alle Wunder.

Oft macht es Satan bei uns wie damals bei Jesus und zeigt uns unsere Schwächen und Unzulänglichkeiten. Er veranlasst uns, Gott zu misstrauen und an seiner Liebe zu zweifeln. Er hofft, uns zu entmutigen und unseren Halt an Gott zu lösen. Träten wir ihm ebenso entgegen wie Jesus, würden wir uns manche Niederlage ersparen. Indem wir aber mit der Versuchung spielen, verschaffen wir Satan einen Vorteil.

Satan drängt Jesus, Gott herauszufordern

Doch Satan gab nicht auf. Immer noch erschien er als ein Engel Gottes. Jesus hatte Gottes Wort benutzt, um sein Vertrauen

---

[5] Matthäus 3,17 Hfa   [6] Matthäus 4,4 Hfa; vgl. 5. Mose 8,3

zu stärken, und nun gebrauchte Satan es, um seine Täuschung wirkungsvoller zu machen. Er drängte Jesus zu einem anderen Beweis seines Vertrauens. „Darauf führte der Teufel ihn in die Heilige Stadt, stellte ihn auf den höchsten Punkt des Tempels und sagte: ,Wenn du Gottes Sohn bist, dann spring doch hinunter; denn in den Heiligen Schriften steht: ,Deinetwegen wird Gott seine Engel schicken und sie werden dich auf Händen tragen, damit du dich an keinem Stein stößt.'"[7]

Der Versucher dachte, dass er aus dem Menschsein Christi Vorteile ziehen könnte, und drängte ihn, etwas zu tun, was sein Vater ihm nicht erlaubt hatte. An seinen Worten zeigt sich, dass Satan zwar zur Sünde reizen, aber niemand zum Sündigen zwingen kann. Er forderte Jesus auf: „Spring doch", aber er konnte ihn nicht vom Tempel hinunterstürzen. Er konnte ihn auch nicht zwingen, hinunterzuspringen. Wenn Jesus nicht der Versuchung nachgab, konnte er nicht überwunden werden.

Auch uns kann Satan nicht zwingen, Böses zu tun. Der Wille muss seine Zustimmung geben und der Glaube seinen Halt an Gott lösen, bevor Satan Macht über uns ausüben kann. Wenn wir allerdings in Gedanken mit der Sünde spielen und uns Gottes Geboten widersetzen, öffnen wir dem Versucher eine Tür, um uns zu versuchen und zu verderben. Und jedes Versagen unsererseits gibt ihm Gelegenheit, Christus zu schmähen.

Auch bei dieser Versuchung ließ sich Jesus nicht auf Diskussionen ein, sondern antwortete kurz und treffend: „In den Heiligen Schriften heißt es auch: ,Du sollst den Herrn, deinen Gott, nicht herausfordern.'"[8] Gott hatte bereits bezeugt, dass Jesus sein geliebter Sohn war. Einen erneuten Beweis dafür zu fordern wäre nicht nur Zweifel an Gottes Zusage, sondern bedeutete auch, ihn auf die Probe zu stellen, ihn regelrecht herauszufordern.

Dies gilt auch für uns. Wir sollten Gott nicht um etwas bitten, um zu prüfen, *ob* er seine Verheißung auch tatsächlich erfüllt, sondern weil wir ihm vertrauen, *dass* er sie erfüllt – nicht, um zu prüfen, *ob* er uns liebt, sondern *weil* er uns liebt. Echter Glaube stützt sich auf Gottes Zusagen und bringt Frucht im Gehorsam. Die Vermessenheit ist Satans Verfälschung des Glaubens; sie beruft sich auch auf Gottes Ver-

---

[7] Matthäus 4,5.6   [8] Matthäus 4,7

heißungen, missbraucht sie aber, um Verfehlungen zu entschuldigen. Glaube hätte unsere Ureltern im Paradies dazu geführt, der Liebe Gottes zu vertrauen und seine Gebote zu halten. Vermessenheit führte sie dazu, Gott ungehorsam zu sein. Sie meinten, er würde sie in seiner Liebe schon vor den Folgen ihrer Übertretung bewahren. Man kann die Gunst Gottes nicht in Anspruch nehmen, ohne die Bedingungen zu erfüllen, unter denen sie gewährt wird.

Satan bietet Jesus einen Ausweg an

Nachdem Jesus auch der zweiten Versuchung widerstanden hatte, ließ Satan seine Maske fallen und offenbarte sein eigentliches Wesen als der mächtige Anführer der gefallenen Engel und Herrscher der Welt. Er führte Jesus „auf einen hohen Berg und zeigte ihm alle Reiche der Welt mit ihrer ganzen Pracht". Sonnenbeschienen waren die Städte mit Anbetungsstätten und herrlichen Palästen, die fruchtbaren Felder und Obsthaine. Die Spuren des Bösen waren verborgen. Jesus blickte auf ein Bild von unglaublicher Schönheit und großem Wohlstand, als er Satan sagen hörte: „Das alles gebe ich dir, wenn du vor mir niederkniest und mich anbetest."[9]

Dieses Angebot war für Christus durchaus verführerisch. Vor ihm lag ein Weg, der ihm viel Kummer, Bedrängnis, Auseinandersetzungen und zuletzt einen schmählichen Tod bringen würde. Jesus konnte sich diese schreckliche Zukunft ersparen, wenn er die Vorherrschaft Satans anerkennen würde. Doch das zu tun hätte bedeutet, in dem großen Konflikt den Kürzeren zu ziehen. Wenn Jesus Satans Forderung nachgab, würde das den Triumph der Rebellion bedeuten.

Deshalb gebot er ihm: „Weg mit dir, Satan, denn es steht in der Heiligen Schrift: ‚Bete allein Gott, deinen Herrn, an und diene nur ihm!'"[10] Christus ließ sich nicht kaufen. Er war gekommen, um das Reich Gottes aufzurichten und wollte sich davon nicht abbringen lassen.

Als Jesus den Teufel mit solcher Autorität von sich wies, hatte der einen Beweis dafür, dass er tatsächlich der Sohn Gottes war. Seine Göttlichkeit blitzte durch seine leidende Menschlichkeit. Gedemütigt und wütend musste sich der Versucher von ihm zurückziehen. Christi Sieg über Satan war

---

[9] Matthäus 4,8.9 Hfa   [10] Matthäus 4,10 Hfa

ebenso vollständig, wie es einst die Niederlage Adams und Evas gewesen war.

So können auch wir der Versuchung widerstehen und Satan zwingen, von uns zu weichen. Jesus siegte über Satan, weil er im Glauben mit Gott verbunden blieb und sich dessen Willen unterstellte. Durch den Apostel Jakobus fordert er uns auf: „Deshalb ordnet euch Gott unter! Leistet dem Teufel Widerstand, und er wird vor euch fliehen. Nähert euch Gott, und er wird sich euch nähern. Reinigt eure Hände von Schuld, ihr Sünder! Gebt eure Herzen Gott hin, ihr Unentschlossenen!"[11] Und im Buch der Sprüche heißt es: „Gott, der Herr, ist wie eine starke Festung: Wer auf ihn vertraut, ist in Sicherheit."[12] Trotz seiner großen Macht zittert Satan vor jedem, der seine Zuflucht bei Gott sucht.

Nachdem sich Satan zurückgezogen hatte, fiel Jesus zu Tode erschöpft zu Boden. Er hatte eine Prüfung bestanden, wie sie niemand Anderes jemals bestehen müsste. Engel hatten die Auseinandersetzung beobachtet und kamen nun zu dem verschmachtenden Sohn Gottes.[13] Sie stärkten ihn durch Nahrung und ermutigten ihn mit der Versicherung, dass der ganze Himmel wegen seines Sieges triumphierte.

Nachdem Jesus wieder zu Kräften gekommen war, verließ er die Einöde mit großem Mitgefühl für die Menschheit, um die begonnene Aufgabe zu vollenden. „Er hat überall Gutes getan und alle befreit, die der Teufel gefangen hielt, denn Gott selbst hatte ihm seine Macht und den Heiligen Geist gegeben. Gott stand ihm bei."[14] Christus wollte nicht eher ruhen, bis er den Feind völlig überwunden und die in Sünde gefallenen Menschen aus der Knechtschaft Satans befreit hatte.

---

[11] Jakobus 4,7.8   [12] Sprüche 18,10 Hfa   [13] Matthäus 4,11
[14] Apostelgeschichte 10,38 Hfa

7 | Jesus erklärt die Neugeburt*

Nikodemus war ein gebildetes und angesehenes Mitglied des Hohen Rates. Obwohl er zur jüdischen Oberschicht gehörte, fühlte er sich von dem demütigen Mann aus Nazaret angezogen. Er war beeindruckt von den Lehren, die Jesus verkündigte, und wollte mehr erfahren.

Allerdings scheute er sich, ein Gespräch mit ihm in der Öffentlichkeit zu führen, denn er fürchtete, im Hohen Rat deswegen verachtet oder verurteilt zu werden. Deshalb entschloss er sich, heimlich mit Jesus zu reden. Nachdem er in Erfahrung gebracht hatte, dass Jesus bei seinen Besuchen in Jerusalem oft auf dem Ölberg schlief, suchte er ihn dort eines Abends auf.

Als Nikodemus ihm gegenüberstand, befiel ihn eine seltsame Befangenheit, die er zu überspielen suchte: „Rabbi, wir wissen, dass Gott dich gesandt und dich als Lehrer bestätigt hat. Nur mit Gottes Hilfe kann jemand solche Wunder vollbringen, wie du sie tust."[1] Nikodemus hoffte, mit dieser Anrede eine vertrauensvolle Atmosphäre schaffen zu können, brachte aber damit unbewusst seinen Zweifel zum Ausdruck, dass Jesus der verheißene Messias war, denn er sprach ihn nur als geistlichen Lehrer an.

Jesus sah ihn an, als könne er sein Inneres lesen. Er erkannte, dass Nikodemus nach der Wahrheit suchte, und wollte die Überzeugung stärken, die sich in dessen Verstand bereits gebildet hatte. Daher kam Jesus gleich ohne Einleitung zum Kern der Sache: „Ich versichere dir: Nur wer von oben her geboren wird, kann Gottes neue Welt [erkennen]."[2]

Nikodemus war gekommen, um mit Jesus zu diskutieren, aber der kam gleich auf grundlegende Prinzipien der Erlösung zu sprechen. Jesus sagte mit anderen Worten: Was du brauchst, ist nicht größeres religiöses Wissen, sondern ein neues Herz. Du musst ein neues geistliches Leben von oben empfangen, ehe du himmlische Dinge wertschätzen kannst.

---

* Dieses Kapitel bezieht sich auf Johannes 3,1–17.
[1] Johannes 3,2   [2] Johannes 3,3

Wenn diese Veränderung nicht stattfindet, dann wird eine Diskussion über meine Autorität oder meine Mission nicht zu deiner Errettung beitragen.

Das Bild einer geistlichen Neugeburt war Nikodemus nicht neu. Nichtjuden, die sich zum Judentum bekehrten, wurden oft mit neugeborenen Kindern verglichen. So musste er eigentlich verstanden haben, dass Jesu Aussage nicht wörtlich zu verstehen war. Aber als frommer Israelit meinte er, keine Erneuerung nötig zu haben. Deshalb war er von Jesu Worten überrascht und irritiert. In seinem Herzen kämpfte der Stolz eines Pharisäers gegen das aufrichtige Verlangen nach Wahrheit.

In seiner Selbstsicherheit erschüttert, stellte Nikodemus eine ironische Frage: „Wie kann ein Erwachsener neu geboren werden?"[3] Jesus hob würdevoll seine Hand und wiederholte die Wahrheit noch eindringlicher und bestimmter: „Ich versichere dir: Nur wer von Wasser und Geist geboren wird, kann in Gottes neue Welt hineinkommen."[4] Nikodemus wusste, dass Jesus über die Wassertaufe als Zeichen der inneren Erneuerung durch den Heiligen Geist sprach. Das war es, was Johannes der Täufer über den Messias gesagt hatte.[5] Nun war Nikodemus davon überzeugt, in Jesus den verheißenen Erlöser vor sich zu haben.

Jesus erklärt die geistliche Neugeburt

Jesus fuhr fort: „Was Menschen zur Welt bringen, ist und bleibt von menschlicher Art. Von geistlicher Art kann nur sein, was vom Geist Gottes geboren wird."[6] Das Herz eines Menschen ist von Natur aus böse, wie er später einmal deutlich sagte: „Aus dem Herzen kommen die bösen Gedanken wie: Mord, Ehebruch, sexuelle Zügellosigkeit, Diebstahl, Lüge und Verleumdung."[7] Die Erneuerung muss daher im Herzen eines Menschen beginnen, ehe der Strom der Taten daraus rein werden kann. Dies lässt sich nicht dadurch erreichen, indem man versucht, aus eigener Kraft Gottes Gebote zu halten. Es gibt kein ewiges Leben für den, der sich mit einer äußerlichen Frömmigkeit begnügt. Echtes Christsein besteht nicht in einer Umgestaltung des alten Lebens, sondern beginnt mit

---

[3] Johannes 3,4 Hfa   [4] Johannes 3,5   [5] Matthäus 3,11   [6] Johannes 3,6
[7] Matthäus 15,19 Hfa

einer Veränderung unserer Natur, indem der Egoismus und sündige Gewohnheiten absterben und ein völlig neuartiges Leben beginnt. Das allerdings kann allein durch das Wirken des Heiligen Geistes geschehen.

Da Nikodemus immer noch ratlos war, benutzte Jesus nun das Beispiel des Windes, um seine Aussage verständlich zu machen, denn im Hebräischen ist das Wort für Wind und Geist dasselbe. „Es ist damit wie beim Wind: Er weht, wie er will. Du hörst ihn, aber du kannst nicht erklären, woher er kommt und wohin er geht. So ist es auch mit der Geburt aus Gottes Geist."[8] Niemand kann den Wind sehen, doch wir sehen seine Wirkung, zum Beispiel an den Blättern. Mit dem Wirken des Heiligen Geistes ist es ähnlich. Gottes Geist arbeitet unsichtbar am Herzen, indem er Eindrücke und Erfahrungen bewirkt, die Menschen zu Christus hinführen. Das kann beim Lesen der Bibel geschehen oder beim Hören einer Predigt. Irgendwann, wenn der Geist dann direkter an einem Menschen wirkt, führt er ihn dazu, sich Jesus anzuvertrauen, ihm sein Leben zu übergeben. Manche halten das für eine plötzliche Bekehrung, aber es ist nur das Ergebnis des geduldigen Bemühens des Heiligen Geistes.

Ähnlich wie der Wind bringt der Geist Wirkungen hervor, die wir sehen und spüren können. Sie zeigen sich deutlich in dem Verhalten eines geistlich neugeborenen Menschen, denn der Geist verändert sein Leben. Sündhafte Gedanken verschwinden, böse Taten werden aufgegeben. Wut, Neid und Streitsucht werden durch Liebe, Demut und Frieden ersetzt; Traurigkeit wird durch Freude verdrängt. Wer sich im Glauben Christus anvertraut und sich ihm übergibt, erfährt die geistliche Neugeburt, damit wir wieder zu dem werden, wozu wir Menschen erschaffen wurden – zum Bild Gottes.[9]

Nikodemus verstand die Aussage Jesu immer noch nicht genau; deshalb fragte er: „Aber wie soll das nur vor sich gehen?" Jesus antwortete darauf mit dem Hinweis auf ein Geschehen aus der Geschichte seines Volkes, das er kannte: „Mose richtete in der Wüste den Pfahl mit der bronzenen Schlange auf. Genauso muss auch der Menschensohn erhöht werden, damit alle, die sich im Glauben ihm zuwenden, durch ihn ewiges Leben bekommen."[10]

---

[8] Johannes 3,8 Hfa   [9] 1. Mose 1,27   [10] Johannes 3,14.15

Nikodemus wusste, worauf sich Jesus bezog. Während ihrer Wanderung durch die Wüste in das verheißene Land waren bei einer Gelegenheit viele Israeliten von Giftschlangen gebissen worden. Mose rief zum Herrn um Rettung für sein Volk und bekam den Auftrag, im Lager eine aus Bronze gefertigte Schlange hoch an einem Pfahl aufzurichten. Den Israeliten sollte er sagen: „Jeder, der gebissen wird und sie ansieht, bleibt am Leben."[11]

Diese erhöhte Schlange war ein Symbol für den Messias. Wie das Bild, das die Rettung bedeutete, den giftigen Schlangen glich, so ist einer „in der leiblichen Gestalt von uns ... der Sünde verfallenen Menschen" unser Erlöser.[12] Gott wollte damals die Israeliten auf ihren Heiland hinweisen. Ob es um die Rettung vom tödlichen Gift oder um die Vergebung ihrer Schuld ging: Sie konnten nichts daran tun außer ihren Glauben an die Hilfe und Zusage Gottes bekunden. Sie sollten aufsehen und würden leben.

Jene, die von den Schlangen gebissen worden waren, hätten fragen können, warum der Blick zu einer bronzenen Schlange Heilung bewirken sollte. Doch Gott gab ihnen keine Erklärung dafür, sondern forderte sie einfach auf, die erhöhte Schlange anzusehen. Wer das nicht tat, der starb.

Nikodemus verstand diese Lehre und behielt sie. Künftig las er die heiligen Schriften auf neue Weise – nicht um besser religiöse Diskussionen führen zu können, sondern um geistliches Leben zu finden. Weil er die Neugeburt erfahren wollte, war er nun bereit, sich der Führung durch den Heiligen Geist anzuvertrauen.

Erlösung ist nur in Christus zu finden

Auch wir müssen die Wahrheit lernen, die Nikodemus damals verstand: „Nur Jesus kann den Menschen Rettung bringen. Nichts und niemand sonst auf der ganzen Welt rettet sie."[13] Gottes Gnade und Erlösung können wir nur durch den Glauben an Jesus Christus erlangen. Aber der Glaube ist nicht unser Retter, nichts Verdienstvolles, sondern ist die Hand, mit der wir Christus ergreifen, das Heilmittel für Sünde, Schuld und Tod. Wir können nicht einmal ohne das Wirken des Heiligen Geistes uns bekehren und unsere Einstellung zur Sünde

---

[11] 4. Mose 21,6–9 Hfa   [12] Römer 8,3   [13] Apostelgeschichte 4,12 Hfa

und zu Gott ändern. Gott hat Christus „erhöht zum Fürsten und Heiland, um Israel Buße [Sinnesänderung] und Vergebung der Sünden zu geben".[14]

Wie vollzieht sich also unsere Errettung? Johannes der Täufer hatte gesagt: „Seht das Opferlamm Gottes [an], das die Schuld der ganzen Welt wegnimmt."[15] Christus wurde am Kreuz zu unserer Erlösung „erhöht". Dort offenbarte sich die Größe der Liebe Gottes. Und diese Liebe zieht uns zu ihm.[16] Wenn wir ihrer Zugkraft nicht widerstreben, werden wir zum Fuß des Kreuzes geführt, um reuevoll die Sünden zu bekennen, für die Christus sterben musste. Wer sich so Christus als Erlöser anvertraut, in dem zeugt der Heilige Geist ein neues, geistliches Leben. Er bewirkt die Unterordnung der Gedanken und Absichten unter den Willen unseres neuen Herrn. Er schafft Herz und Geist neu im Abbild Jesu, der in uns wirkt, um sich alles zu unterwerfen. Dann werden durch den Heiligen Geist die Gebote Gottes in unser Herz und unseren Verstand geschrieben, sodass wir wie Jesus sagen: „Deinen Willen, mein Gott, tue ich gern."[17]

In seinem Gespräch mit Nikodemus umriss Jesus die Grundzüge des Erlösungsplanes auf der persönlichen Ebene. An keiner anderen Stelle hat er so detailliert das Werk erklärt, das im Herzen aller geschehen muss, die Bürger des Reiches Gottes sein möchten, das mit Christi Dienst auf Erden begonnen hat. Der Apostel Johannes erklärte: „Aber allen, die ihn aufnahmen und ihm Glauben schenkten, verlieh er das Recht, Kinder Gottes zu werden. Das werden sie nicht durch natürliche Geburt oder menschliches Wollen und Machen, sondern weil Gott ihnen ein neues Leben gibt."[18]

---

[14] Apostelgeschichte 5,31 LB   [15] Johannes 1,29   [16] Johannes 3,16; 12,32.33
[17] Psalm 40,9 LB; vgl. Hebräer 10,7; 8,10   [18] Johannes 1,12.13

8 | Jesus heilt einen Gelähmten*

In Kapernaum, wo Jesus sich oft aufhielt, wohnte ein gelähmter Mann. Seine Krankheit war eine Folge seines Lebenswandels, und die Reue darüber machte sein Leiden noch bitterer. Er hatte sich an Priester und Ärzte gewandt, aber sie hatten ihn kaltherzig als unheilbar abgefertigt und ihn als vom Zorn Gottes getroffen bezeichnet.

Da er von nirgends her mehr Hilfe erwarten konnte, war der Mann in tiefe Verzweiflung versunken. Doch dann hörte er eines Tages von Jesus und dessen Heilungen. Freunde ermutigten ihn zu glauben, dass auch er von Jesus geheilt werden könnte, wenn er zu ihm gelangen würde.

Dem Gelähmten ging es jedoch nicht in erster Linie um die körperliche Heilung, sondern viel mehr sehnte er sich nach Befreiung von seiner Schuld. Wenn er die Gewissheit der Vergebung empfangen würde und Frieden mit Gott hätte, wäre er bereit zu sterben. Deshalb wollte er keine Zeit verlieren und bat seine Freunde, ihn zu Jesus zu tragen. Sie waren dazu gern bereit.

Als sie jedoch zum Haus des Petrus kamen, wo Jesus gerade lehrte, konnten sie nicht einmal bis in seine Sichtweite vordringen, so groß war die Menschenmenge: Hilfesuchende, Anhänger, Neugierige, Zweifler und als Spione auch „Pharisäer und Gesetzeslehrer, die aus allen Ortschaften Galiläas und Judäas und sogar aus Jerusalem gekommen waren. In Jesus war Gottes Kraft am Werk und trieb ihn dazu, Kranke zu heilen."[1] Vom Wirken des Geistes Gottes spürten die Abgesandten des Hohen Rates jedoch nichts. Sie hatten kein Bedürfnis nach Vergebung, und an geistlicher Heilung waren sie nicht interessiert.

Die Freunde versuchten, mit dem Gelähmten auf einer Trage durch die Menschenmenge zu Jesus vorzudringen, aber das gelang ihnen nicht. Musste der Mann alle Hoffnung aufgeben? Auf seinen Vorschlag hin brachten sie ihn auf das

---

* Dieses Kapitel bezieht sich auf Markus 2,1–12.
[1] Lukas 5,17

Flachdach des Hauses, deckten es teilweise auf und ließen ihren Freund hinab zu den Füßen von Jesus.[2]

Er sah die flehenden Augen, die auf ihn gerichtet waren, und verstand, worum es ging. Als der Gelähmte noch zu Hause war, hatte der Heilige Geist bereits sein Gewissen von Schuld überzeugt. Als er seine Sünden bereute, hat die Gnade Gottes bereits sein verlangendes Herz gesegnet. Jesus hatte bemerkt, wie der erste Schimmer des Glaubens mit jedem Versuch, näher in seine Gegenwart zu kommen, stärker geworden war.

Nun klangen die Worte Jesu wie Musik in seinen Ohren: „Mein Sohn, deine Sünden sind dir vergeben!"[3] Die Last der Verzweiflung erhob sich von der Seele des Mannes; der Friede der Vergebung strahlte aus seinem Gesicht. Sein Schmerz war geschwunden, sein ganzes Wesen verwandelt. Der hilflose Gelähmte war geheilt, dem schuldigen Sünder war vergeben. Mit einfachem Glauben nahm der Mann die Worte Jesu an. Er brachte keine Bitte vor, sondern lag da in glücklichem Schweigen.

Die Umstehenden schauten mit Ehrfurcht auf dieses Geschehen. Die Schriftgelehrten erinnerten sich, wie der Kranke sie um Hilfe angefleht hatte, sie sich aber geweigert hatten, ihm irgendeine Hoffnung zu geben. Sie hatten ihm erklärt, er erleide den Zorn Gottes für seine Sünde. Sie bemerkten das große Interesse, mit dem alle die Szene verfolgten. Das ließ sie um ihren Einfluss beim Volk fürchten. Sie schauten einander an und wussten, dass sie alle dasselbe dachten: *Dieser Jesus muss weg!* Es musste etwas geschehen, um die Flut der Erregung aufzuhalten.

Jesus hatte erklärt, dass dem Kranken seine Sünden vergeben sind. Die Schriftgelehrten konnten dies als Gotteslästerung hinstellen, eine Sünde, die des Todes würdig war.[4] Sie dachten: „Was nimmt der sich heraus! Das ist eine Gotteslästerung! Nur Gott kann den Menschen ihre Schuld vergeben, sonst niemand!"[5]

„Jesus durchschaute sie und fragte: ‚Wie könnt ihr nur so etwas denken! Ist es leichter zu sagen: ‚Dir sind deine Sünden vergeben' oder diesen Gelähmten zu heilen? Aber ich will euch zeigen, dass der Menschensohn die Macht hat, hier auf

---

[2] Markus 2,2–4   [3] Markus 2,5 LB   [4] 3. Mose 24,16   [5] Markus 2,7

der Erde Sünden zu vergeben.' Und er forderte den Gelähmten auf: ‚Steh auf, nimm deine Trage, und geh nach Hause!'"[6]

Der Mann, der zu Jesus auf einer Trage gebracht worden war, erhob sich mit Leichtigkeit und jugendlicher Stärke. Alle Muskeln seines Körpers traten in Aktion. Eine gesunde Farbe ersetzte den blassen Ausdruck des herannahenden Todes. „Der Mann nahm seine Trage und ging vor aller Augen hinaus. Fassungslos sahen ihm die Menschen nach und riefen: ‚So etwas haben wir noch nie erlebt!' Und alle lobten Gott."[7]

Geistliche Heilung geht der körperlichen oft voraus

Auch heute gibt es Kranke, die sich nicht nur nach körperlicher Heilung sehnen, sondern so wie der Gelähmte frei werden möchten von Schuld. Sie spüren, dass ihre Schuld und ihr belastetes Gewissen sie krank gemacht haben. Der Schöpfer und Heiler der Menschen kann dem Verstand Elan und dem Körper Gesundheit geben.

Jesus hat heute immer noch dieselbe lebenspendende Kraft wie damals, als er die Kranken heilte und den Sündern Vergebung zusprach. Wenn wir Gott um irdische Segnungen bitten, mögen wir die Antwort nicht sofort erhalten oder Gott gibt uns etwas Anderes, als wir erbeten haben. Wenn wir ihn jedoch bitten, dass er uns von Sünde befreit, handelt er sofort, denn er hat es versprochen: „Wenn wir aber unsere Sünden bekennen, dann erfüllt Gott seine Zusage treu und gerecht: Er wird unsere Sünden vergeben und uns von allem Bösen reinigen."[8] Und Johannes versichert: „Wir dürfen uns darauf verlassen, dass Gott unser Beten erhört, wenn wir ihn um etwas bitten, was seinem Willen entspricht. Und weil Gott solche Gebete ganz gewiss erhört, dürfen wir auch darauf vertrauen, dass er uns gibt, worum wir ihn bitten."[9] Jesus möchte, dass wir frei werden von Schuld und von sündigen Gewohnheiten. „Wenn der Sohn euch frei macht, dann seid ihr wirklich frei", verspricht er.[10] Er will uns zu Gottes Kindern machen und uns befähigen, ein verändertes Leben zu führen, das unseren Vater im Himmel ehrt.

---

[6] Markus 2,8–11 Hfa   [7] Markus 2,12 Hfa   [8] 1. Johannes 1,9 Hfa
[9] 1. Johannes 5,14.15 Hfa   [10] Johannes 8,36

9 | Christi Kampf in Gethsemane*

Nachdem sie das Passahmahl gegessen hatten und Jesus dabei das Abendmahl eingesetzt hatte, machte er sich mit seinen Jüngern auf den Weg aus der Stadt Jerusalem über das Kidrontal zum Garten Gethsemane am Ölberg.[1] Zunächst führte Jesus noch intensive Gespräche mit seinen Jüngern, doch dann wurde er immer stiller.

Er hatte sein ganzes Leben im Bewusstsein der Gegenwart Gottes gelebt, doch nun würde er zu den Gesetzesübertretern gerechnet. Er sollte die Schuld der gesamten Menschheit tragen. Die Last war so schwer, dass er befürchtete, für ewig von der Liebe des Vaters getrennt zu werden, und seufzte: „Meine Seele ist betrübt bis an den Tod!"[2]

Noch nie hatten die Jünger ihren Herrn so tieftraurig gesehen. Sein Körper schwankte, als ob er zu fallen drohte. Als sie den Garten Gethsemane erreichten, suchten sie den Platz, wo sich Jesus auszuruhen pflegte. Doch schon am Eingang ließ Jesus die Jünger hinter sich und bat sie, für ihn und sich selbst zu beten. Nur Petrus, Jakobus und Johannes nahm er mit in das Innere des Gartens, um Gesellschaft zu haben. Schon manche Nacht hatten sie hier verbracht und nach einer Gebetszeit geschlafen, bis sie der Herr zu neuem Tagewerk weckte. Doch nun wollte Jesus, dass sie die ganze Nacht mit ihm im Gebet blieben.

Er konnte es jedoch nicht ertragen, dass sie Zeuge des Todeskampfes werden würden, den er durchzustehen hatte. „Bleibt hier und wacht mit mir!", sagte er daher zu ihnen, und ging dann ein paar Schritte abseits – gerade so weit, dass sie ihn noch sehen und hören konnten. Dann fiel er zu Boden.[3] Er spürte, dass ihn die Sündenlast vom Vater trennte. Der Abgrund war so tief und breit, dass ihn schauderte. Er durfte seine göttliche Macht nicht einsetzen, um dem Kampf zu entkommen. Als Mensch musste er die endgültige Folge der Sünden der Menschheit erleiden.

---

* Dieses Kapitel basiert auf Matthäus 26,36–56 und Johannes 18,1–11.
[1] Johannes 18,1   [2] Matthäus 26,38 LB   [3] Matthäus 26,38b.39a

Die schwerste Versuchung

Christus stand nun in einem anderen Verhältnis zu Gott als bisher. Als unser Stellvertreter litt er unter dem Gericht Gottes. Bisher war er der Fürsprecher anderer gewesen; nun sehnte er sich selbst nach jemandem, der für ihn eintrat.

Als Jesus spürte, dass seine Einheit mit dem Vater am Zerbrechen war, befürchtete er, dass er die schwere Auseinandersetzung in seiner menschlichen Natur nicht bestehen könnte. Satan war zum letzten, entscheidenden Kampf angetreten. Verlor er den, dann würde die Herrschaft über diese Welt wieder Christus gehören, Satan aber schließlich vernichtet werden. Sollte dagegen Christus unterliegen, würde die Menschheit auf ewig in Satans Gewalt bleiben.

Satan erklärte Christus: Wenn er der Stellvertreter der gefallenen Menschheit würde, würde er mit Satans Reich identifiziert werden und niemals wieder eins mit Gott sein können. Und was würde er durch sein Opfer gewinnen? Satan führte ihm die Situation vor Augen: Die Führer des Volkes Gottes versuchen, dich aus dem Weg zu schaffen; einer deiner Jünger wird dich verraten, einer der eifrigsten dich verleugnen, und alle anderen werden dich verlassen!

Christus litt schmerzlich unter dem Gedanken, dass die, die er so sehr liebte, mit Satan gemeinsame Sache machen würden. Der Kampf war schrecklich. Die Sünden der Menschheit lasteten schwer auf Jesus und das Bewusstsein des Zornes Gottes über die Sünde raubte ihm seine Lebenskraft.

In seiner Qual klammerte er sich an den Boden, als ob er verhindern wollte, weiter von Gott weggezogen zu werden. Von seinen bleichen Lippen kam der bittere Schrei: „Mein Vater, wenn es möglich ist, so bewahre mich vor diesem Leiden!" Dann fügte er hinzu: „Aber nicht was ich will, sondern was du willst, soll geschehen."[4]

Jesus sehnte sich nach Anteilnahme und ging zu seinen Jüngern zurück, um von ihnen getröstet zu werden. Ihm lag daran zu wissen, dass sie für ihn und für sich selbst beteten. Wie furchtbar erschien ihm die Bosheit der Sünde! Schrecklich war die Versuchung, die Menschen ihre Schuld allein tragen zu lassen, während er dann unschuldig vor Gott stünde. Wenn

---

[4] Matthäus 26,39 Hfa

er wüsste, dass seine Jünger sein Opfer schätzten, würde ihn das stärken.

Aber sie schliefen! Hätten sie Zuflucht bei Gott im Gebet gesucht, um von satanischen Mächten nicht überwältigt zu werden, dann wäre Jesus getröstet gewesen. Doch sie waren seiner Bitte, wach zu bleiben und zu beten, nicht gefolgt. Sicher wollten sie ihren Herrn nicht im Stich lassen, doch sie waren von einem sonderbaren Stumpfsinn wie gelähmt. Sie hätten ihn abschütteln können, wenn sie gebetet hätten. Doch sie schliefen, als ihr Herr am meisten auf ihre Fürbitte angewiesen war.

Die Jünger erwachten, als Jesus sie ansprach, aber sie erkannten ihn kaum, so sehr hatte die Qual sein Angesicht verändert. Er sagte: „Konntet ihr nicht eine einzige Stunde mit mir wach bleiben? Bleibt wach und betet, damit ihr in der kommenden Prüfung nicht versagt. Der Geist in euch ist willig, aber eure menschliche Natur ist schwach."[5] Jesus befürchtete, dass sie die Prüfung durch seine Verhaftung und seinen Kreuzestod nicht bestehen würden.

Erneut wurde er von übermenschlicher Agonie überwältigt und war der Ohnmacht nahe. Erschöpft stolperte er zu dem Platz seines vorigen Kampfes zurück. Seine Leiden wurden noch größer als zuvor. „Jesus litt Todesängste und betete so eindringlich, dass sein Schweiß wie Blut auf die Erde tropfte."[6] Die Zypressen und Palmen waren die stummen Zeugen seiner Qual. Von ihren Blättern tropfte Tau auf seinen geplagten Körper, als ob die Natur über ihren Schöpfer weinte, während er allein mit den Mächten der Finsternis rang.

Kurz zuvor hatte Jesus wie eine mächtige Zeder den stärksten Stürmen des Widerstands seitens der jüdischen Leiter widerstanden; jetzt glich er einem geknickten Schilfrohr. Er flehte voller Kummer: „Mein Vater, wenn mir dieses Leiden nicht erspart bleiben kann, bin ich bereit, deinen Willen zu erfüllen!"[7]

Wieder sehnte sich Jesus nach einigen tröstenden Worten seiner Jünger, die den Bann der Finsternis hätten brechen können, der ihn fast überwältigte. „Als er zurückkam, schliefen sie wieder. Die Augen waren ihnen zugefallen, und sie wussten nicht, was sie ihm antworten sollten."[8] Sie sahen zwar sein

---

[5] Matthäus 26,40.41   [6] Lukas 22,44 Hfa   [7] Matthäus 26,42 Hfa
[8] Markus 14,40

Angesicht mit dem blutigen Schweiß, aber sie konnten seine Verstandesqualen nicht verstehen. „Seine Gestalt war hässlicher als die anderer Leute und sein Aussehen als das der Menschenkinder", hatte Jesaja gesagt.[9]

Das Schicksal der Welt steht auf dem Spiel

Erneut schleppte sich Jesus zurück und fiel auf den Boden. Die menschliche Natur des Sohnes Gottes erzitterte in jener Stunde. Der schreckliche Augenblick war gekommen, da das Geschick der Welt sich nun entscheiden würde. Noch konnte sich Christus weigern, den Leidenskelch zu trinken, der der sündigen Menschheit gebührte; noch konnte er sich den Schweiß von der Stirn wischen und die Menschen ihrem Verderben überlassen. Er konnte sagen: *Lass die Übertreter die Strafe für ihre Sünden erleiden und ich gehe zurück zum Vater.* Oder würde der Unschuldige doch den Fluch der Sünde auf sich nehmen, um die Schuldigen zu retten?

Dreimal war Jesus vor dem letzten, krönenden Opfer zurückgeschreckt. Doch nun blickt er auf die Hilflosigkeit der Menschen und die enorme Macht der Sünde. Die Leiden einer verlorenen Welt stehen ihm vor Augen. Er sieht ihr drohendes Schicksal und trifft eine Entscheidung: Er will die Menschen retten, welchen Preis ihn das auch kosten möge. Er hat die Herrlichkeit des Himmels verlassen, um die eine Welt zu retten, die durch die Übertretung in Sünde gefallen war. Von dieser Aufgabe will er sich nicht abwenden. Erneut betet er: „Mein Vater, wenn mir dieses Leiden nicht erspart bleiben kann, bin ich bereit, deinen Willen zu erfüllen!"[10]

Nachdem dieser Entschluss gefasst war, fiel er sterbend zu Boden. Wo waren seine Jünger, um ihre Hände unter den Kopf ihres ermatteten Herrn zu legen? Jesajas Vorhersage traf ein: „Ganz allein trat ich die Kelter und niemand aus den Völkern hat mir dabei geholfen."[11]

Gott aber litt mit seinem Sohn. Die Engel sahen seine Qualen. Im Himmel herrschte Stille. In schweigender Betrübnis sahen sie mit an, wie der Vater seinem geliebten Sohn die Strahlen seiner Liebe und Herrlichkeit entzog.

Auch Satan und seine Dämonen beobachteten das Geschehen. Welche Antwort würde Christus auf sein dreimali-

---

[9] Jesaja 52,14 LB   [10] Matthäus 26,42.44 Hfa   [11] Jesaja 63,3

ges Flehen erhalten? In dieser schrecklichen Entscheidungsstunde, in der der geheimnisvolle Kelch in der Hand des leidenden Jesus zitterte, kam der mächtige Engel Gabriel an Jesu Seite. Er kam nicht, um ihm den bitteren Kelch zu ersparen, sondern um ihn zu stärken mit der Zusicherung, dass der Vater ihn liebt. Er versicherte ihm, dass sein Tod die völlige Niederlage Satans bedeuten würde und „Gott die Herrschaft über die ... Erde seinem heiligen Volk übertragen" würde.[12] Gabriel sagte Jesus, dass er eine große Anzahl Menschen gerettet sehen würde – für ewig gerettet.

Die Antwort auf das Gebet Jesu

Christi Qual endete noch nicht, aber die Depression und Entmutigung verließen ihn. Der Kampf war noch nicht beendet; aber nun war er gestärkt, sodass er sich ihm stellen konnte. Himmlischer Friede lag auf seinem Angesicht. Er hatte durchlitten, was kein Mensch je ertragen könnte: Er hatte die Leiden des Todes durchlebt – für jeden von uns.

Die schlafenden Jünger erwachten und sahen den Engel, der Jesus Trost und Hoffnung zusprach. Nun hatten sie keine Angst mehr um ihren Meister; er war unter Gottes Pflege. Erneut verfielen sie dem merkwürdigen Stumpfsinn. Jesus fand sie wieder schlafend vor und sah sie traurig an. „Schlaft ihr denn immer noch und ruht euch aus? Die Stunde ist da; jetzt wird der Menschensohn an ... die Sünder ausgeliefert." Schon hörte er die Fußtritte der Horde, die ihn suchte, und sagte: „Steht auf, wir wollen gehen. Er ist schon da, der mich verrät!"[13]

Keine Spur des überstandenen Ringens war zu sehen, als Jesus aus dem Garten trat und seinem Verräter Judas entgegenging. „Wen sucht ihr?", fragte er.

Sie antworteten: „Jesus von Nazaret."

„Ich bin es!"[14] Als er das sagte, erstrahlte himmlisches Licht auf seinem Angesicht. Unter dem Eindruck dieser Herrlichkeit „wichen die Bewaffneten erschrocken zurück und fielen zu Boden".[15] Jesus hätte die Möglichkeit zur Flucht gehabt, doch er blieb stehen. Das Licht verschwand und die Tempelwache, einige Priester und Judas umringten ihn nun, weil sie

---

[12] Daniel 7,27   [13] Matthäus 26,45–47   [14] Johannes 18,4.5
[15] Johannes 18,6 Hfa

befürchteten, dass er fliehen würde. Sie hatten einen Beweis bekommen, dass Jesus tatsächlich der Sohn Gottes war, aber sie waren davon nicht überzeugt. Auf seine erneute Frage: „Wen sucht ihr?", antworteten sie noch einmal: „Jesus von Nazaret." Darauf erwiderte er: „Ich habe euch gesagt, ich bin es. Wenn ihr also mich sucht, dann lasst diese hier gehen."[16] Dabei wies er auf seine Jünger.

„Darauf traten die Bewaffneten heran, packten Jesus und nahmen ihn fest."[17] Die Jünger waren bestürzt und empört, als sie sahen, dass der, den sie liebten, gefesselt werden sollte. Wütend zog Petrus sein Kurzschwert und schlug einem Knecht des Hohenpriesters das Ohr ab. Als Jesus das sah, schritt er sofort ein: „Steck dein Schwert weg! Soll ich denn dem Leiden aus dem Weg gehen, das ich nach dem Willen meines Vaters auf mich nehmen muss?"[18] „Weißt du nicht, dass ich nur meinen Vater um Hilfe zu bitten brauche, und er schickt mir sofort mehr als zwölf Legionen Engel? Aber wie soll sich dann erfüllen, was in den Heiligen Schriften angekündigt ist? Es muss doch so kommen!"[19] Dann berührte Jesus das Ohr des Knechtes und es wurde wieder heil.[20]

Christus wandte sich an den Hohenpriester und die Ältesten, die mitgekommen waren, und sagte ihnen, was sie nicht vergessen würden: „Warum rückt ihr hier mit Schwertern und Knüppeln an; bin ich denn ein Verbrecher? Täglich war ich bei euch im Tempel und ihr seid nicht gegen mich vorgegangen. Aber jetzt ist eure Stunde gekommen. Jetzt haben die dunklen Mächte Gewalt über mich."[21]

Die Jünger waren entsetzt, als sie sahen, dass sich Jesus fesseln und abführen ließ. Es ärgerte sie, dass sie so gedemütigt wurden. Auch das Verhalten ihres Herrn konnten sie nicht verstehen; sie meinten, er habe sich zu bereitwillig seinem Schicksal ergeben. Nun waren sie nur noch darauf bedacht, sich selbst in Sicherheit zu bringen. „Da verließen ihn alle seine Jünger und flohen."[22]

---

[16] Johannes 18,7.8   [17] Matthäus 26,50   [18] Johannes 18,10.11 Hfa
[19] Matthäus 26,53.54   [20] Lukas 22,51   [21] Lukas 22,52.53
[22] Matthäus 26,56

10 | Die Gerichtsverhandlung über Jesus*

Mitternacht war schon vorüber, als die Horde Jesus durch die Straßen Jerusalems zum Haus des vormaligen Hohenpriesters Hannas trieb.[1] Wegen seines ehrwürdigen Alters wurde er vom Volk noch immer als Hoherpriester geachtet; sein Rat wurde von den Leitern gesucht und als Stimme Gottes geschätzt. Er sollte beim Verhör des Gefangenen zugegen sein, denn die Ältesten befürchteten, der wenig erfahrene Hohepriester Kajaphas, sein Schwiegersohn, könnte nicht das gewünschte Ergebnis erzielen. Sie bauten auf die Spitzfindigkeit von Hannas, um Christi Verurteilung durch die Römer erreichen zu können.

Nach dem Gesetz musste Jesus vor dem Hohen Rat verhört werden; aber erst sollte eine Voruntersuchung bei Hannas stattfinden. Die römische Besatzungsmacht gestattete lediglich, dass der Hohe Rat ein Urteil vorschlug; die Römer konnten es bestätigen oder ablehnen. Jesus musste daher solcher Verbrechen angeklagt werden, die sowohl bei den Römern als auch bei den Juden als todeswürdig galten.

Es gab einige Oberste, die mit Jesus sympathisierten wie Josef von Arimathäa und Nikodemus. Sie sollten deshalb nicht zur Verhandlung eingeladen werden. Die Verhandlung sollte den Hohen Rat gegen Christus vereinigen. Die Hohenpriester wollten zwei Anklagepunkte beweisen. Zum ersten sollte Jesus der Gotteslästerung bezichtigt werden; dann würden ihn die Ältesten verurteilen. Zum zweiten wollte man ihn der Volksaufwiegelung überführen; dann wäre eine Verurteilung durch die Römer gewiss.

Hannas wollte zuerst den zweiten Anklagepunkt behandeln. Er verhörte Jesus und versuchte Beweise dafür zu finden, dass der einen Geheimbund gegründet hatte und ein neues Königreich errichten wollte. Dann könnte man ihn als Aufrührer den Römern übergeben.

---

* Dieses Kapitel basiert auf Johannes 18,12–24 und Matthäus 26,57–68.
[1] Johannes 18,12.13

Christus durchschaute die Fragestellung und verneinte, sich mit seinen Jüngern heimlich oder bei Dunkelheit versammelt zu haben, um seine Pläne zu verbergen. Er sagte: „Ich habe immer offen vor aller Welt gesprochen. Ich habe in den Synagogen und im Tempel gelehrt, wo sich alle Juden treffen, und habe niemals etwas im Geheimen gesagt."[2] Damit stellte Jesus die Art seines Wirkens der seiner Ankläger gegenüber. Sie hatten ihn gejagt, um ihn vor ein heimliches Gericht zu bringen, wo sie Meineide benutzen konnten, um das zu erreichen, was sie mit fairen Mitteln nicht erreichen konnten. Ihre Handlungsweise war gegen das Gesetz und ihre eigenen Regeln, die besagten, dass jeder als unschuldig zu gelten habe, bis er überführt war.

Jesus wandte sich an Hannas: „Warum fragst du dann mich? Frag doch die Leute, die meine Worte gehört haben! Sie wissen es."[3] Waren nicht in jeder größeren Menschenmenge die Spione der Hohenpriester darunter? Waren sie nicht bestens über alles informiert, was er gesagt hatte?

Hannas war zum Schweigen gebracht. Einer der Wächter wurde wütend und schlug Jesus ins Gesicht: „‚Redet man so mit dem Hohenpriester?' Jesus antwortete ihm: ‚Wenn ich etwas Böses gesagt habe, dann weise es mir nach! Habe ich aber die Wahrheit gesagt, weshalb schlägst du mich?'"[4] Er ließ sich nicht provozieren, sondern blieb geduldig.

Jesus hatte nichts gesagt, was seinen Anklägern genutzt hätte; trotzdem wurde er zum Zeichen dafür gefesselt, dass er verurteilt war. Aber es musste der Schein einer ordentlichen Gerichtsverhandlung gewahrt bleiben. Sie sollte schnell vonstatten gehen. Die Mitglieder des Hohen Rates wussten, dass Jesus beim Volk sehr beliebt war, und fürchteten einen Befreiungsversuch. Wenn die Hinrichtung nicht am selben Tag erfolgte, würde es wegen des bevorstehenden Passahfestes eine einwöchige Verzögerung geben. Dies konnte ihre Pläne zunichte machen, denn während der Festwoche würde es wahrscheinlich eine Reaktion im Volk geben. Viele Leute würden durch ihre Aussagen Jesus verteidigen und die Wunder an die Öffentlichkeit bringen, die er getan hatte.

Die Hohenpriester und Ältesten waren daher fest entschlossen, Jesus so schnell wie möglich den Römern auszuliefern. Dafür aber mussten sie eine stichhaltige Anklage finden.

[2] Johannes 18,20   [3] Johannes 18,21   [4] Johannes 18,22.23

Doch noch war man nicht weit gekommen. Hannas befahl, Jesus zum Palast des Kajaphas zu bringen.[5] Kajaphas war genauso herz- und skrupellos wie Hannas.

In der Morgendämmerung zog die mit Fackeln ausgerüstete Schar samt dem Gefangenen zum Palast. Während sich der Hohe Rat versammelte, befragten Hannas und Kajaphas Jesus erneut, doch ohne Erfolg. Im Gerichtssaal nahm Kajaphas seinen Platz als Vorsitzender ein. Zu beiden Seiten standen die Richter und jene, die am Prozess besonders interessiert waren. Römische Soldaten bildeten die Wache. Es herrschte allgemeine Unruhe; nur Jesus, der unterhalb des Podiums stand, war ruhig und gelassen.

Jesu Feinde wussten nicht, wie sie seine Verurteilung erreichen konnten. Zwar gab es genügend Leute, die bezeugen konnten, dass er die Priester und Schriftgelehrten als Heuchler und Mörder bezeichnet hatte; es war aber nicht angeraten, auf diese Anklage zu setzen; denn für die Römer bedeutete das gar nichts. Es gab auch Beweise, dass sich Jesus über die Vorschriften der Juden negativ geäußert hatte. Für die Römer war das ebenso belanglos. Man wagte auch nicht, ihn wegen Sabbatschändung anzuklagen. Dabei wären ja seine Heilungswunder an die Öffentlichkeit gekommen.

Falsche Zeugen wurden schließlich herbeigebracht, um Jesus des Hochverrats zu bezichtigen, als ob er ein rivalisierendes Königreich errichten wollte. Aber ihre Aussagen waren vage und widersprachen sich.[6] Im Verhör verstrickten sie sich in die eigenen Falschaussagen.

Zu Beginn seines öffentlichen Wirkens hatte Jesus gesagt: „Reißt diesen Tempel nieder, und in drei Tagen werde ich ihn wieder aufbauen!" Aber mit dem Tempel meinte Jesus seinen eigenen Körper und spielte auf seinen Tod und seine Auferstehung an.[7] Von allem, was Jesus je gesagt hatte, ließ sich nichts gegen ihn verwenden mit Ausnahme dieser Worte.[8] Die Römer hatten sich am Umbau und der Verschönerung des jüdischen Tempels beteiligt und waren stolz darauf. Wer etwas gegen den Tempel sagte, würde ihren Unmut erregen. Und in diesem Punkt trafen sich Römer und Juden; denn beide verehrten den Tempel.

---

[5] Johannes 18,24   [6] Markus 14,55.56   [7] Johannes 2,19.21.22
[8] Matthäus 26,60.61

Schließlich hatten sich Jesu Ankläger immer stärker in Widersprüche verwickelt; sie waren verwirrt und wütend. Es blieb nur noch eine Möglichkeit: Christus musste dazu gebracht werden, sich selbst zu verurteilen. „Da stand der Hohepriester auf und fragte Jesus: ‚Warum antwortest du nicht? Hast du nichts gegen diese Anschuldigungen zu sagen?' Aber Jesus schwieg. Darauf sagte der Hohepriester: ‚Ich nehme dich vor dem lebendigen Gott unter Eid: Sag uns, bist du Christus, der Sohn Gottes?'"[9]

Jesus wusste, dass er sich mit seiner Antwort selbst das Todesurteil sprach, aber Kajaphas war die höchste Autorität des jüdischen Volkes und hatte ihn im Namen Gottes unter Eid gestellt. Nun musste sich Jesus unmissverständlich zu seiner Person und seinem Auftrag bekennen. Seinen Jüngern hatte er einmal gesagt: „Wer sich vor den Menschen zu mir bekennt, zu dem werde auch ich mich bekennen am Gerichtstag vor meinem Vater im Himmel."[10] Diese Aussage bekräftigte er nun durch sein eigenes Beispiel.

Jeder richtete seinen Blick auf Jesus, als er antwortete: „‚Ja, du sagst es, und ich versichere euch: Von jetzt an werdet ihr den Menschensohn an der rechten Seite Gottes sitzen und auf den Wolken des Himmels kommen sehen.'"[11] Einen Moment zitterte der Hohepriester vor dem durchdringenden Blick des Erlösers. Nie mehr würde er diesen forschenden Blick des verfolgten Sohnes Gottes vergessen.

Kajaphas glaubte als Sadduzäer (im Gegensatz zu den Pharisäern) nicht, dass es eine Auferstehung, ein Gericht und ein ewiges Leben gebe. In satanischer Erregung zerriss er sein Gewand und verlangte, den Gefangenen wegen Gotteslästerung zu verurteilen. „‚Das ist eine Gotteslästerung! Was brauchen wir noch Zeugen? Ihr habt es selbst gehört, wie er Gott beleidigt hat. Wie lautet euer Urteil?' ‚Er hat den Tod verdient!', riefen sie. Dann spuckten sie ihm ins Gesicht und schlugen ihn mit Fäusten. Andere gaben ihm Ohrfeigen."[12]

Nun musste nur noch eine Verurteilung durch den römischen Statthalter Pilatus erreicht werden.

---

[9] Matthäus 26,62.63 Hfa   [10] Matthäus 10,32   [11] Matthäus 26,64 Hfa
[12] Matthäus 26,65.66

11 | Das Verhör bei Pilatus*

Im Gerichtssaal des römischen Statthalters stand Jesus als Gefangener, von Soldaten bewacht. Schaulustige füllten die Halle; draußen standen die Ältesten des Hohen Rates, die Hohenpriester und eine Horde Leute.

Nachdem der Hohe Rat Jesus zum Tod verurteilt hatte, waren die Hohenpriester zu Pilatus gegangen, der das Todesurteil bestätigen und vollstrecken lassen sollte. Die jüdischen Obersten wollten den Gerichtssaal nicht betreten, denn dem Gesetz Moses zufolge hätten sie sich damit verunreinigt und wären außerstande, an dem bevorstehenden Passahfest teilzunehmen.[1] Ihre Herzen aber waren schon längst durch Hass und Mordgedanken verunreinigt; doch das erkannten sie nicht. Indem sie Christus, das wahre Opferlamm,[2] abgelehnt hatten, war das Passahfest für sie eigentlich bedeutungslos geworden.

Pilatus blickte Jesus unfreundlich an. Er war ungehalten, weil man ihn frühmorgens aus seinem Schlafgemach gerufen hatte. Nun wollte er diese Amtspflicht so schnell wie möglich hinter sich bringen. Er setzte eine ernste Miene auf und wandte sich dem Mann zu, den er verurteilen sollte.

Forschend richtete er seinen Blick auf Jesus. Der Statthalter hatte schon oft mit Verbrechern zu tun gehabt, doch noch nie war er einem Mann begegnet, der solch eine gütige Ausstrahlung hatte. Auf dem Angesicht Jesu waren keinerlei Anzeichen von Schuld, Angst, Aufbegehren oder Verachtung zu erkennen.

In Pilatus erwachte sein besseres Ich. Durch seine Frau hatte er schon von den großen Taten dieses Propheten aus Galiläa gehört, der Kranke geheilt und sogar Tote auferweckt hatte. Pilatus erinnerte sich an Gerüchte, die ihm zu Ohren gekommen waren. Nun wollte er wissen, was die Juden gegen diesen Mann vorzubringen hatten.

Pilatus kam aus dem Gerichtssaal heraus und fragte die Hohenpriester: „‚Welche Anklage erhebt ihr gegen diesen Mann?

---

* Dieses Kapitel basiert auf Johannes 18,28–40 und Matthäus 27,11–26.
[1] Johannes 18,28   [2] Johannes 1,29; 1. Korinther 5,7b

Sie antworteten: ‚Wenn er kein Verbrecher wäre, hätten wir ihn dir nicht übergeben.'"[3]

Sie erwarteten also, dass Pilatus ein Urteil fällte, ohne viel nachzuforschen, denn er hatte schon mehrfach Todesurteile ausgesprochen, ohne lange gefackelt zu haben. Ob ein Gefangener schuldig oder unschuldig war, hatte für ihn wenig Bedeutung. Die Hohenpriester erwarteten daher, dass Pilatus auch über Jesus die Todesstrafe verhängen würde, ohne ihn weiter anzuhören.

Doch etwas an diesem Gefangenen hielt Pilatus zurück, das zu tun. Er wusste, dass Jesus erst kürzlich einen Mann namens Lazarus vom Tod auferweckt hatte, nachdem der schon vier Tage im Grab gelegen hatte.[4] Pilatus wollte daher hören, wie die Anklage gegen Jesus lautete, und erfahren, ob sie auch bewiesen werden konnte.

Er versuchte zunächst, den Angeklagten loszuwerden. „Nehmt ihr ihn doch und verurteilt ihn nach eurem eigenen Gesetz!", sagte Pilatus zu den Hohenpriestern.

„Wir dürfen ja niemand hinrichten!",[5] erwiderten sie und erklärten, dass sie bereits ein Todesurteil über den Mann ausgesprochen hätten. Pilatus müsse das Urteil nur bestätigen. Aber obwohl der wenig moralische Kraft besaß, weigerte er sich, Jesus zu verurteilen, ohne dass eine konkrete Anklage vorgebracht worden war.

Die Hohenpriester steckten in einem Dilemma. Es durfte nicht der Eindruck entstehen, dass Jesus aus religiösen Gründen verhaftet worden war, denn das zählte bei Pilatus nicht. Vielmehr musste man Jesus als einen politischen Rebellen hinstellen, denn die Römer waren ständig darauf bedacht, alles zu unterdrücken, was zu einem Aufstand gegen sie führen könnte. In ihrer Verzweiflung riefen die Hohenpriester falsche Zeugen herbei und erklärten: „Wir haben festgestellt, dass dieser Mann unser Volk aufhetzt! Er sagt, wir sollen keine Steuern mehr an den Kaiser zahlen, und er sei Christus, der König, den Gott uns als Retter zu schicken versprach."[6] Diese drei Anklagepunkte entbehrten jeder Grundlage. Die Hohenpriester wussten das, aber sie waren bereit, sich sogar Meineiden zu bedienen, um Jesus aus dem Weg zu schaffen.

---

[3] Johannes 18,29.30   [4] Johannes 11,38–44   [5] Johannes 18,31
[6] Lukas 23,2

Pilatus war von einem Komplott überzeugt

Pilatus glaubte nicht, dass Jesus eine Verschwörung gegen die Römer angezettelt hatte, sondern war überzeugt, dass die jüdischen Hohenpriester ein Komplott geschmiedet hatten, um einen Unschuldigen zu beseitigen. Er wandte sich an Jesus: „Bist du der König der Juden?" Jesus antwortete: „Du sagst es!"[7]

Als Kajaphas diese Antwort hörte, erklärte er Pilatus, dass Jesus selbst die Anklage bestätigt habe. Pilatus sagte daraufhin zu Jesus: „,Hörst du nicht, was sie alles gegen dich vorbringen?'"[8]

Christus stand hinter Pilatus, für alle sichtbar, die im Gerichtssaal versammelt waren, und hörte die Anklagen. Aber mit keinem Wort ging er auf sie ein.[9] Er war ruhig angesichts der Raserei, die ihn umgab. Sein Schweigen war wie ein Licht, das aus seinem Inneren schien.

Pilatus war erstaunt. Wollte dieser Mann nicht sein Leben retten? Als er ihn anblickte, war er überzeugt, dass Jesus nicht so boshaft war wie die Hohenpriester, die wütend schrien.

Um dem Tumult der Volksmenge zu entkommen, nahm er Jesus beiseite und fragte erneut: „Bist du der König der Juden?"

Jesus antwortete nicht direkt. Der Heilige Geist wirkte am Herzen von Pilatus. Jesus wollte ihm Gelegenheit geben, seine Überzeugung zu äußern. „Bist du selbst auf diese Frage gekommen, oder haben dir andere von mir erzählt?"

Pilatus verstand, was Christus meinte, wollte aber nicht zu seiner Überzeugung stehen. Er erwiderte: „Bin ich etwa ein Jude? Dein eigenes Volk und die führenden Priester haben dich mir übergeben. Was hast du getan?"[10]

Jesus versucht, Pilatus zu retten

Jesus ließ Pilatus nicht ohne weitere Erkenntnis. Er machte ihm klar, dass er keine irdische Herrschaft aufrichten wollte: „,Mein Königtum stammt nicht von dieser Welt. Sonst hätten meine Leute dafür gekämpft, dass ich den Juden nicht in die Hände falle. Nein, mein Königtum ist von ganz anderer Art!'

---

[7] Matthäus 27,11   [8] Matthäus 27,13   [9] Matthäus 27,14
[10] Johannes 18,33–35

Da fragte Pilatus ihn: ‚Du bist also doch ein König?'

Jesus antwortete: ‚Ja, ich bin ein König. Ich wurde geboren und bin in die Welt gekommen, um die Wahrheit offenbar zu machen und als Zeuge für sie einzutreten. Wem es um die Wahrheit geht, der hört auf mich.'

‚Wahrheit', meinte Pilatus, ‚was ist das?'"[11]

Christus versuchte, Pilatus begreiflich zu machen, dass dessen verdorbenes Wesen nur erneuert werden konnte, wenn er die Wahrheit Gottes annahm und ihr folgte.

Pilatus war verwirrt. Im Herzen hatte er ein großes Verlangen zu wissen, was tatsächlich die Wahrheit war und wie er sie erkennen konnte. Er hatte gefragt: „Was ist Wahrheit?", wartete aber die Antwort nicht ab.

Die Hohenpriester riefen, er solle endlich die Entscheidung fällen. Pilatus ging zu ihnen hinaus und erklärte nachdrücklich: „Ich sehe keinen Grund, ihn zu verurteilen!"[12]

Die Hohenpriester und Ältesten reagierten darauf mit grenzenloser Wut. Der Gedanke, Jesus könnte freigelassen werden, steigerte ihren Hass. Sie drohten Pilatus, ihn beim Kaiser in Rom anzuzeigen, weil er sich weigere, Jesus zu verurteilen, der sich – so behaupteten sie – gegen den Kaiser erhoben hätte. Der aufrührerische Einfluss dieses Mannes sei doch in ganz Palästina bekannt, riefen sie wütend. „Mit seiner Lehre wiegelt er das Volk auf im ganzen jüdischen Land."[13]

Pilatus wusste, dass die jüdischen Führer Jesus aus Hass und Vorurteilen verklagten. Die Gerechtigkeit verlangte, dass er ihn freiließ. Würde er aber Jesus nicht verurteilen, so käme es wohl zu einem Aufruhr. Und davor hatte Pilatus Angst.

Hier zeigte Pilatus seine Schwäche. Er hielt Jesus für unschuldig, aber war bereit, die Gerechtigkeit zu opfern, um dessen Ankläger zur Ruhe zu bringen. Das brachte ihn in eine verzwickte Lage. Wäre Pilatus standhaft geblieben und hätte er es strikt abgelehnt, einen Unschuldigen zu verurteilen, dann wäre es nicht zu der unheilvollen Kettenreaktion gekommen, die ihn sein ganzes folgendes Leben mit Gewissensbissen erfüllte. Jesus wäre zwar auch getötet worden, aber Pilatus hätte dafür nicht die Schuld getragen. So aber handelte der römische Statthalter Schritt für Schritt gegen sein Gewissen und war nun ein fast hilfloses Werkzeug in der Hand der Hohenpriester und Ältesten.

---

[11] Johannes 18,36–38a   [12] Johannes 18,38b   [13] Lukas 23,5

Ein letzter Versuch, Jesu Freilassung zu erreichen

Während der Zeit seines Zauderns hatten die jüdischen Obersten die Volksmenge aufgewiegelt. Da fiel Pilatus eine Gepflogenheit ein, durch die er die Freilassung Christi vielleicht noch erreichen konnte. „Es war üblich, dass der römische Statthalter zum Passahfest einen Gefangenen begnadigte, den das Volk bestimmen durfte."[14] Dieser Brauch hatte zwar nichts mit Gerechtigkeit zu tun, aber die Juden schätzten ihn sehr. „Zu dieser Zeit saß ein Mann namens Barabbas im Gefängnis. Er war zusammen mit den Anführern eines Aufstandes festgenommen worden, die einen Mord begangen hatten."[15]

Pilatus stellte Barabbas neben den unschuldigen Jesus und hoffte, im Volk ein gewisses Gerechtigkeitsempfinden zu wecken. „Wen soll ich diesmal begnadigen: Barabbas oder Jesus, euren Messias?", fragte er.[16]

„Aber die Hohenpriester hetzten das Volk auf, die Freilassung des Barabbas zu verlangen. Pilatus fragte zurück: ,Und was soll mit dem Mann geschehen, den ihr euren König nennt?'

Da brüllten sie alle: ,Ans Kreuz mit ihm!'"

Das hatte Pilatus nicht erwartet! Er schreckte davor zurück, einen Unschuldigen dem Tode auszuliefern. „,Was für ein Verbrechen hat er denn begangen?', fragte Pilatus.

Doch ununterbrochen schrie die Menge: ,Ans Kreuz mit ihm!' Weil Pilatus die aufgebrachte Volksmenge zufrieden stellen wollte, gab er Barabbas frei. Jesus aber ließ er auspeitschen und zur Kreuzigung abführen."[17]

Jesus war umringt von einer rasenden Menschenmenge. Spott und Hohn mischten sich mit gotteslästerlichen Schwüren. Satan selbst trieb die Horde dazu an. Er wollte den Sohn Gottes herausfordern, zurückzuschlagen oder ein Wunder zu tun, um sich zu befreien. Durch das geringste Versagen aber wäre das „Lamm Gottes" nicht mehr das makellose Opfer gewesen, und die Erlösung der Menschen wäre gescheitert. Doch Jesus blieb ruhig trotz aller Beleidigungen und Misshandlungen.

---

[14] Matthäus 27,15   [15] Markus 15,7   [16] Matthäus 27,17 Hfa
[17] Markus 15,11–15 Hfa

12 | Die Kreuzigung auf Golgota*

Der Querbalken des Kreuzes, das für Barabbas bestimmt gewesen war, wurde auf Jesu Schulter gelegt, die von der Geißelung blutete. Zwei Gefährten von Barabbas sollten ebenfalls hingerichtet werden. Auch sie mussten Kreuzesbalken tragen. Seit dem Passahmahl mit seinen Jüngern hatte Jesus nichts gegessen und getrunken. Daher brach er unter der Last des Balkens zusammen. Die Menge zeigte kein Mitleid, sondern verspottete ihn. Erneut legten ihm die Soldaten den Balken auf, doch Jesus stürzte wieder. Schließlich sahen sie ein, dass er die Last unmöglich tragen konnte. Aber wer sollte die demütigende Bürde auf sich nehmen? Ein Jude konnte es nicht, denn er würde sich damit verunreinigen und wäre vom Passahmahl ausgeschlossen.

„Die Soldaten [sahen] einen Mann aus Zyrene mit Namen Simon, der gerade vom Feld in die Stadt zurückkam." Er war erstaunt stehengeblieben und hatte mitfühlend die Szene beobachtet. „Ihm luden sie das Kreuz auf, damit er es hinter Jesus hertrage."[1]

Der Platz der Hinrichtung war eine Stätte vor der Stadtmauer, die man Golgota – Schädelstätte – nannte, weil ihre Form an einen Schädel erinnerte.[2] Dort wanden sich die beiden Verbrecher in der Hand der Soldaten, die sie ans Kreuz nageln sollten; aber Jesus wehrte sich nicht dagegen.

Er klagte nicht, doch große Schweißtropfen standen ihm auf der Stirn. Niemand wischte ihm den Todesschweiß vom Gesicht, kein Wort des Mitgefühls oder der Zuneigung ermutigte sein Herz. Und während die Soldaten ihr grausames Werk vollführten, betete er: „Vater, vergib ihnen! Sie wissen nicht, was sie tun."[3]

Christi Gebet für seine Feinde schließt alle Sünder ein, vom Anfang bis zum Ende der Welt. Die Schuld an seinem Kreuzestod liegt letztlich auf uns allen. Und uns allen wird von Gott die Vergebung unserer Schuld frei angeboten.

---

* Dieses Kapitel basiert auf Matthäus 27,33–54 und Johannes 19,17–30.
[1] Lukas 23,26   [2] Matthäus 27,33 Hfa   [3] Lukas 23,34

Nachdem Jesus ans Kreuz geschlagen worden war, wurde es von starken Soldaten aufgerichtet und in ein Loch im Boden eingelassen. Das verursachte heftige Schmerzen.

Die Leiden Christi am Kreuz erfüllten die Vorhersagen. So heißt es in Psalm 22: „Eine Meute übler Verbrecher um[gibt] mich ... Hände und Füße haben sie mir durchbohrt. Ich kann alle meine Knochen zählen. Sie aber starren mich an, diese schaulustigen Gaffer! Schon teilen sie meine Kleider unter sich auf und losen um mein Gewand!"[4] Die Bekleidung eines Gekreuzigten gehörte den Soldaten. Sie „teilten [Jesu] Kleider unter sich auf, so dass jeder der vier Soldaten etwas davon bekam. Das Untergewand war in einem Stück gewebt, ohne jede Naht. Deshalb beschlossen sie: ‚Dieses Untergewand wollen wir nicht aufteilen. Wir werden darum losen.'"[5]

In einer anderen Vorhersage heißt es: „Die Schmach bricht mir das Herz, ich bin zutiefst verwundet. Ich habe auf Mitgefühl gewartet, doch niemand hat es mir erwiesen. Ich habe einen gesucht, der mich tröstet, und keinen Einzigen gefunden. Statt Nahrung haben sie mir Gift gereicht, mir Essig angeboten, um meinen Durst zu löschen."[6] Es war erlaubt, jenen, die durch eine Kreuzigung hingerichtet wurden, einen betäubenden Trunk zu geben, um das Schmerzempfinden abzustumpfen. Als man ihn Jesus reichte, trank er ihn nicht, nachdem er ihn gekostet hatte.[7] Seine Sinne zu betäuben hätte Satan einen Vorteil verschafft. Jesus musste durch den Glauben seinen Halt in Gott – seiner einzigen Kraftquelle – behalten.

„Die Leute, die vorbeikamen, schüttelten den Kopf und verhöhnten Jesus: ‚Du wolltest den Tempel niederreißen und in drei Tagen wieder aufbauen! Wenn du Gottes Sohn bist, dann befrei dich doch und komm herunter vom Kreuz!'"[8] Satan und seine Dämonen waren in menschlicher Gestalt unter dem Kreuz anwesend und kooperierten mit den Hohenpriestern und Ältesten, die Jesus ebenfalls verhöhnten: „Anderen hat er geholfen, aber sich selbst kann er nicht helfen. Wenn er wirklich der König Israels ist, soll er doch vom Kreuz heruntersteigen. Dann wollen wir an ihn glauben!"[9] Jesus hätte tatsächlich vom Kreuz herabsteigen können, aber er konnte nicht zugleich sich selbst und uns retten. Weil er nicht vom Kreuz stieg, hat nun jeder Sünder Hoffnung auf Gottes Vergebung und Gunst!

---

[4] Psalm 22,17–19 Hfa   [5] Johannes 19,23.24 Hfa   [6] Psalm 69,21.22
[7] Matthäus 27,34   [8] Matthäus 27,39.40   [9] Matthäus 27,41.42 Hfa

Die Last, die Jesus trug

Der Schöpfer des Weltalls rang mit dem Tod. Ihn bedrückte eine große Schwermut. Doch nicht der Schrecken des Todes oder die Schmerzen der Kreuzigung verursachten seine seelischen Qualen. Sein Leiden entstand aus dem Bewusstsein der Bösartigkeit der Sünde. Christus sah, wie tief das Böse in den Menschenherzen verwurzelt ist und wie wenige bereit sein würden, sich von dieser teuflischen Macht loszureißen. Er wusste, dass die Menschheit ohne seine Hilfe verderben müsste, und er sah zahllose Menschen umkommen, obwohl ihnen die Erlösung angeboten wurde.

Auf Christus als unseren Stellvertreter und Bürgen wurde all unsere Schuld geladen. Er wurde den Übertretern des Gesetzes Gottes gleich gerechnet, damit er uns von dessen Verdammnis erlösen konnte. Die Sünden aller Menschen von Adam an lagen schwer auf seinem Herzen. Unter dieser Last konnte er das liebevolle Angesicht des Vaters nicht mehr sehen. Ein Schmerz, den niemand nachempfinden kann, drang durch sein Herz. Sein Seelenschmerz war so groß, dass er die schrecklichen körperlichen Schmerzen kaum wahrnahm.

Satan richtete die heftigsten Versuchungen auf Jesus. Nichts gab Jesus die Gewissheit, dass sein Opfer vom Vater angenommen werden und er als Sieger aus dem Grab hervorgehen würde. Er befürchtete, das Maß der Sünde würde in den Augen Gottes so schwer wiegen, dass er auf ewig von seinem Vater getrennt wäre. Christus durchlitt die Seelenqual, die dem Sünder im Gericht bevorsteht, wenn es keine Gnade mehr geben wird. Der Zorn Gottes über die Sünde lastete auf Jesus und brach ihm schließlich das Herz.

Die Engel des Himmels verhüllten ihr Angesicht vor Trauer. Die Sonne verlor ihren Schein, als ob sie die Szene nicht mehr mit ansehen konnte. Völlige Dunkelheit umgab plötzlich das Kreuz. „Um zwölf Uhr mittags verfinsterte sich der Himmel über dem ganzen Land. Das dauerte bis um drei Uhr."[10] Dafür gab es keine natürliche Erklärung. Durch die Dunkelheit gab Gott selbst ein Zeichen, das den Glauben späterer Generationen stärkte.

In dieser dichten Finsternis verbarg Gott seine Gegenwart. Er und seine heiligen Engel waren neben dem Kreuz; der

---

[10] Matthäus 27,45

Vater stand bei seinem Sohn. Doch seine Anwesenheit wurde nicht offenbar. In dieser schrecklichen Lage durfte Jesus nicht durch den Vater oder einen Engel gestärkt werden.

Ungeheurer Schrecken bemächtigte sich der Menge, die unter dem Kreuz stand. Das Fluchen und Schmähen brach ab. Grelle Blitze zuckten hin und wieder aus den Wolken und beleuchteten für Sekundenbruchteile das Kreuz mit dem sterbenden Erlöser. Die Hohenpriester, Ältesten, Schriftgelehrten, die römischen Soldaten und die Volksmenge glaubten, die Stunde der Vergeltung sei gekommen.

„Gegen drei Uhr schrie Jesus: ‚Eli, eli, lema sabachtani?' – das heißt: ‚Mein Gott, mein Gott, warum hast du mich verlassen?'"[11] Viele, die an Jesus glaubten, hörten diesen Verzweiflungsschrei, und alle Hoffnung verließ sie. Wenn Gott selbst Jesus verlassen hatte, auf wen sollten sie dann noch ihr Vertrauen setzen?

„Damit die Voraussagen der Heiligen Schriften vollends ganz in Erfüllung gingen, sagte er: ‚Ich habe Durst!' In der Nähe stand ein Gefäß mit Essig. Die Soldaten tauchten einen Schwamm hinein, steckten ihn auf einen Ysopstängel und hielten ihn Jesus an die Lippen."[12]

Die Hohenpriester spotteten über seine Qualen. Seine Worte hatten sie missverstanden und sagten: „Der ruft nach Elija!" Sie versuchten sogar, den letzten Dienst an Jesus zu unterbinden, sodass er nichts zu trinken bekam: „Lass das! Wir wollen sehen, ob Elija kommt und ihm hilft.'"[13]

Am Kreuz hing der unschuldige Gottessohn, Hände und Füße ans Holz genagelt, sein Rücken von der Geißelung zerfetzt, das Haupt von der Dornenkrone blutend, die bebenden Lippen im Schmerz verzerrt! Alles, was er erduldete – vor allem die unaussprechliche Seelenqual, als der Vater sein Antlitz verbarg – ist deinetwegen geschehen! Für dich hat er sich bereit gefunden, jene Schuldenlast zu tragen; für dich hat er die Macht des Todes gebrochen und die Pforten des Paradieses wieder geöffnet. Er, der Sündenträger, erduldete den Zorn der göttlichen Gerechtigkeit und wurde um deinetwillen von Gott „zur Sünde gemacht".[14] „Christus hat uns von dem Fluch losgekauft, unter den uns das Gesetz [Gottes] gestellt hatte. Denn er hat an unserer Stelle den Fluch auf sich genommen.

---

[11] Matthäus 27,46   [12] Johannes 19,28.29   [13] Matthäus 27,47.49
[14] 2. Korinther 5,21 LB

Es heißt ja in den Heiligen Schriften: ‚Wer am Holz hängt, ist von Gott verflucht.'"[15]

Der Sieg des sterbenden Gottessohnes

Plötzlich erhob sich die Finsternis vom Kreuz. Mit triumphierender Stimme rief Jesus laut: „Es ist vollbracht!"[16] und „Vater, ich gebe mein Leben in deine Hände!"[17] Ein Licht umleuchtete das Kreuz, das Angesicht des Erlösers schien hell wie die Sonne. Dann neigte er sein Haupt und verschied.

In der schrecklichen Dunkelheit hatte Christus den Kelch menschlichen Leidens bis zur Neige geleert. In diesen furchtbaren Stunden hatte er sein Vertrauen ganz auf die vorher gegebene Zusage gesetzt, vom Vater geliebt und angenommen zu sein. Er kannte das Wesen seines Vaters. In festem Vertrauen verließ er sich auf den, dem er stets freudig gehorcht hatte. Als er sein Leben nun demütig Gott anvertraute, wurde das Gefühl, der Vater habe ihn verlassen, langsam zurückgedrängt. Durch den Glauben wurde Jesus Sieger.

Noch einmal legte sich Finsternis über Golgota und es gab ein gewaltiges Erdbeben. Eine große Verwirrung entstand. „Felsen spalteten sich und Gräber brachen auf. Viele Tote aus dem Volk Gottes wurden auferweckt und verließen ihre Gräber ... Als der römische Hauptmann und die Soldaten, die Jesus bewachten, das Erdbeben und alles andere miterlebten, erschraken sie sehr und sagten: ‚Er war wirklich Gottes Sohn!'"[18]

---

[15] Galater 3,13; vgl. 5. Mose 21,23   [16] Johannes 19,30 LB   [17] Lukas 23,46
[18] Matthäus 27,51–54

13 | Wie Christi Tod Satan besiegte

Christus hatte vollendet, wofür er gekommen war. Bevor er am Kreuz starb, rief er aus: „Es ist vollbracht!"[1] Die Auseinandersetzung war gewonnen! Satan hatte verloren.

Der ganze Himmel nahm Anteil am Sieg des Erretters. Er vollbrachte das Erlösungswerk für die treuen Engel und die ungefallenen Welten ebenso wie für uns Menschen, jedoch in einem anderen Sinn. Bis zum Tod Christi hatte Satan sie zu täuschen versucht, sodass selbst Engel seine Machenschaften und die Natur seiner Rebellion nicht völlig durchschauten.

Luzifer hatte eine herausragende Position gehabt. Er war „der schirmende Cherub",[2] das höchste aller erschaffenen Wesen. Seine Aufgabe war vor allem, Gottes Pläne dem Universum bekanntzumachen. Weil er solch eine hervorragende Position hatte, war seine Macht, andere zu täuschen, nach seiner Erhebung gegen Gott umso größer, und seinen wahren Charakter zu entlarven war umso schwieriger.

Gott hätte Satan samt seiner Gefolgschaft sofort vernichten können, aber er tat es nicht, denn er wäre missverstanden worden und Misstrauen wäre unter den Treuen Engeln aufgekommen. Zwang und Gewalt findet man nur unter Satans Herrschaft; die Autorität Gottes dagegen gründet sich auf Güte, Barmherzigkeit und Liebe. Sein Wirken ist stets davon geprägt. Gottes Herrschaft ist moralischer Art; Wahrheit und Liebe sind die Mächte, die er benutzt.

Im Rat des Himmels entschieden Vater, Sohn und Heiliger Geist, dass Satan Zeit gegeben werden musste, damit die Prinzipien seiner Herrschaft erkennbar würden. Luzifer hatte behauptet, sie seien besser als Gottes Grundsätze. Deshalb bekam er Zeit zum Wirken, damit die Engel das beobachten konnten. Jahrtausendelang wirkte der Sohn Gottes, um die Menschen moralisch zu erheben, während Satan alles daran setzte, ihren Untergang zu erreichen.

Von der Stunde an, als Jesus in Bethlehem geboren wurde, wirkte der Teufel darauf hin, ihn zu vernichten. Dieses Kind

---

[1] Johannes 19,30 LB   [2] Hesekiel 28,14 LB

wollte er daran hindern, heranzuwachsen und zu reifen, damit es nicht zu einem fehlerlosen Mann und unbefleckten Opfer für die Schuld der Menschen wurde. Doch Satan erreichte sein Ziel nicht, denn er konnte Jesus nicht zur Sünde verleiten. Alle teuflischen Angriffe ließen nur den Charakter von Jesus in makelloser Reinheit aufleuchten.

Ein Schauspiel vor den himmlischen Welten

Aufmerksam verfolgten die Engel und die ungefallenen Welten den Abschluss dieser Auseinandersetzung. Sie hörten die flehentliche Bitte von Jesus: „Mein Vater, wenn es möglich ist, so bewahre mich vor diesem Leiden!"[3] Die Engel sahen den Gottessohn in einem Leiden, das weit über das hinausging, was beim letzten Kampf mit dem Tod geschieht. Blutiger Schweiß drang aus seiner Stirn.[4] Dreimal bat Jesus flehentlich um Erlass des Leidensweges. Der Himmel konnte das nicht mehr mit ansehen, und der Engel Gabriel wurde gesandt, um ihn zu trösten und stärken.

Die Engel sahen, wie Jesus verraten und von einem Tribunal zum anderen gezerrt wurde. Sie hörten den Spott seiner Feinde wie auch die Flüche, mit denen einer seiner Jünger ihn verriet. Der Erlöser wurde von den Hohenpriestern verhört, vor den Hohen Rat gestellt, vom Palast zur Gerichtshalle geschleppt, von Pilatus verhört, dann verspottet, gegeißelt, verurteilt und zur Kreuzigung geführt.

Die Engel sahen mit Verwunderung, wie Jesus am Kreuz hing und das Blut von seinen Händen und Füßen floss. Die Wunden klafften weit auf durch das Gewicht seines Körpers. Er stöhnte unter den Schmerzen, aber noch mehr unter der Last all der Sünden dieser Welt. Der ganze Himmel war verwundert darüber, dass Jesus bei diesen schrecklichen Schmerzen noch beten konnte: „Vater, vergib ihnen! Sie wissen nicht, was sie tun."[5]

Die Mächte der Finsternis, die das Kreuz umgaben, erweckten Zweifel in den Herzen der Menschen. Sie versuchten, Jesus als den ärgsten Sünder hinzustellen, der zu verabscheuen sei. Jene, die Jesus verspotteten, hatten sich anstecken lassen vom Geist des ersten Rebellen. Satan hetzte die Menschen auf; dennoch erreichte er dadurch nichts.

---

[3] Matthäus 26,39 Hfa   [4] Lukas 22,44   [5] Lukas 23,34

Wäre Christus nur ein einziges Mal schwankend geworden, um den schrecklichen Qualen zu entgehen, hätte Satan über ihn triumphiert. Jesus beugte sein Haupt und starb, aber er hatte sein Vertrauen auf den Vater bewahrt. Jetzt galt: „Nun hat Gott den Sieg errungen, er hat seine Stärke gezeigt und seine Herrschaft aufgerichtet! Alle Macht liegt in den Händen seines Sohnes Jesus Christus. Denn der Ankläger ist endgültig gestürzt, der unsere Brüder und Schwestern Tag und Nacht vor Gott beschuldigte."[6]

Die Maske war Satan vom Gesicht gerissen; er hatte sich selbst als Mörder offenbart. Indem er das Leben des Sohnes Gottes ausgelöscht hatte, hatte er alle Sympathien der Engel verloren. Nun konnte er nicht mehr länger bei den Engeln, die vom himmlischen Rat kamen, die Gläubigen verklagen, sie seien verunreinigt durch Sünden. Das letzte Sympathieband zwischen Satan und den treuen Engeln war zerbrochen.

Aber noch konnte Satan nicht vernichtet werden, denn noch immer verstanden sie nicht völlig, worum es in dem großen Konflikt noch alles ging. Die Prinzipien der Kontrahenten mussten noch deutlicher werden. Menschen und Engel mussten erkennen, wie krass der Gegensatz zwischen dem Herrn des Lichts und dem Fürsten der Finsternis ist. Und die Menschen müssen sich entscheiden, wem sie dienen wollen.

Sind Gerechtigkeit und Gnade unvereinbar?

Zu Beginn des großen Konflikts hatte Satan erklärt, sei es unmöglich, Gottes Gebote zu halten, und Gottes Gerechtigkeit sei unvereinbar mit seiner Barmherzigkeit. Würde das Gesetz Gottes übertreten, könne der Sünder nicht mit Begnadigung rechnen. Und wenn Gott die gerechte Strafe einfach erlassen würde, wäre er kein Gott der Gerechtigkeit.

Als die ersten Menschen Gottes Willen missachteten und sein Gebot übertraten, frohlockte Satan. Weil er nach seiner Rebellion aus der Himmelswelt geworfen worden war, müsste zwangsläufig die Menschheit ebenfalls für immer von Gottes Gunst ausgeschlossen bleiben, behauptete Satan. Wie könnte Gott gerecht sein, wenn er den Sündern Barmherzigkeit erwies?

---

[6] Offenbarung 12,10 Hfa

Aber selbst als Sünder war der Mensch in einer anderen Lage als Satan. Der Engelfürst hatte gesündigt, als er im Licht der Herrlichkeit Gottes stand. Er kannte die Güte und Liebe Gottes und entschied sich dennoch, seinem selbstsüchtigen Eigenwillen zu folgen. Seine Wahl war endgültig. Was konnte da noch zu seiner Rettung getan werden? Aber der Mensch wurde getäuscht, sein Verstand war durch Satans Spitzfindigkeit verdunkelt worden. Er kannte auch nicht das Ausmaß der Liebe Gottes. Wenn ein Mensch sie kennenlernen würde, konnte er wieder zu Gott gezogen werden.

Gottes Gnade wurde durch Jesus den Menschen bekanntgemacht. Gnade aber setzt die Gerechtigkeit nicht beiseite. Gottes Gebote offenbaren die Merkmale seines Charakters. Sie konnten nicht verändert werden, um den Menschen in ihrem gefallenen Zustand entgegenzukommen. Gott änderte sein Gesetz nicht, sondern opferte sich selbst in seinem Sohn, wie Paulus schrieb: „In Christus hat Gott selbst gehandelt und hat die Menschen mit sich versöhnt. Er hat ihnen ihre Verfehlungen vergeben und rechnet sie nicht an."[7]

Das Gesetz Gottes verlangt Gerechtigkeit, ein gerechtes Leben, einen vollkommenen Charakter. Das aber kann der Mensch nicht bieten. Aber Christus lebte als Mensch ein heiliges Leben und entwickelte einen vollkommenen Charakter. Beides bietet er allen als Geschenk an, die ihn als ihren Erlöser und Herrn annehmen. Sein Leben steht dann anstelle des Lebens der Menschen. Auf diese Weise erhalten sie aus Gnade Vergebung für ihre Schuld. Darüber hinaus wandelt der Heilige Geist den Charakter eines Gläubigen so um, dass er von Gottes Liebe und Güte geprägt wird und das Bild Christi widerspiegelt. „Als Folge davon kann jetzt die Forderung des Gesetzes von [dem] erfüllt werden", der an Christus glaubt.[8] Gott verschafft auf diese Weise „seinem Rechtsanspruch Geltung und schafft selber die von den Menschen schuldig gebliebene Gerechtigkeit" durch Christi Opfer.[9]

Satan wollte die Gnade von der Wahrheit und der Gerechtigkeit trennen. Aber Christus hat gezeigt, dass sie unauflöslich miteinander verbunden sind; sodass „Güte und Treue einander begegnen, Gerechtigkeit und Friede sich küssen".[10]

Durch sein Leben und Sterben bewies Christus, dass Gottes Gerechtigkeit nicht seine Gnade zerstört, sondern dass

---

[7] 2. Korinther 5,19   [8] Römer 8,4   [9] Römer 3,26   [10] Psalm 85,11 LB

Sünde vergeben wird und die Gebote Gottes gehalten werden können. Satans Behauptung, Gott könne den Sündern keine Gnade erweisen, war widerlegt. Gott hatte ihnen einen unmissverständlichen Beweis seiner Liebe gegeben.

Satans Angriff auf das Gesetz Gottes

Satan propagierte nun eine andere Täuschung: Durch den Tod Christi sei das Gesetz Gottes aufgehoben; man müsse seine Gebote nicht mehr halten. Doch wenn das Gesetz verändert oder aufgehoben werden könnte, hätte Christus nicht sterben müssen. Es aufzuheben hieße, die Sünde zu verewigen und die Welt der Herrschaft Satans zu überlassen. Weil Gottes Gesetz unveränderlich ist und weil ein Mensch für die Ewigkeit nur erlöst werden kann, wenn er den Geboten Gottes gehorcht, wurde Jesus gekreuzigt. Aber gerade das Mittel, das die Gültigkeit des Gesetzes Gottes bestätigte, stellt Satan so dar, als ob es seine Geltung aufhebe. An diesem Punkt wird sich die letzte Auseinandersetzung im großen Konflikt zwischen Christus und Satan entzünden.

Satan verkündet durch Theologen und Pastoren, einige Vorschriften der Zehn Gebote seien abgeschafft. Das ist die letzte Täuschung, die er über die ganze Welt bringt. Er muss nicht alle Zehn Gebote angreifen; sein Ziel ist schon erreicht, wenn er die Menschen zur Missachtung *eines* Gebotes verleiten kann. Aber der Apostel Jakobus schrieb: „Wer das gesamte Gesetz befolgt, aber gegen ein einziges Gebot verstößt, hat gegen alle verstoßen und ist vor dem ganzen Gesetz schuldig geworden."[11] Wer willentlich auch nur ein Gebot übertritt, gerät unter den Einfluss Satans.

In den Vorhersagen der Bibel wird von einer religiösen Macht gesprochen, die zur Übertretung einiger Gebote verführt. Vom Repräsentanten dieser Macht heißt es: „Er wird ... das heilige Volk des höchsten Gottes unterdrücken. Er wird versuchen, das Gesetz Gottes und die heiligen Fest[zeiten] abzuschaffen."[12] Es wurden religiöse Gebote aufgestellt, die im Gegensatz zu den Zehn Geboten Gottes stehen.

Der Kampf gegen die Prinzipien der Gebote Gottes, der im Himmel begann, wird sich bis an das Ende der Weltgeschichte hinziehen. Jeder Mensch wird sich entscheiden müssen zwi-

---

[11] Jakobus 2,10   [12] Daniel 7,25

schen den Geboten Gottes und den Geboten von Kirchen. Das ist die Trennungslinie. Jeder wird seinen Charakter ausgebildet haben und jeder wird zeigen, ob er auf der Seite der Treue zu Gott oder auf der Seite der Rebellion steht.

Dann wird das Ende kommen! Gott wird sein Volk befreien. Und Satan und alle, die ihm in seiner Auflehnung gegen Gottes Gebote gefolgt sind, werden vernichtet werden.

Gottes Gerichtshandeln ist keine Willkür. Wer seine Gnade abweist, wird ernten, was er gesät hat. Gott ist die Quelle des Lebens. Wer sich aber für die Sünde entscheidet, schließt sich selbst vom Leben aus. In der Bibel heißt es: „Wer [Gott] hasst, der liebt den Tod."[13]

Gott schenkt allen Menschen Zeit und Gelegenheit, den eigenen Charakter zu entwickeln und ihre Grundsätze zu offenbaren. Dann wird jeder das Ergebnis seiner eigenen Wahl empfangen. Durch ein Leben im Ungehorsam werden sich Satan und alle, die sich ihm anschließen, so sehr aus der Harmonie mit Gott entfernt haben, dass schon seine Gegenwart für sie „ein verzehrendes Feuer" sein wird.[14]

Als der große Konflikt begann, verstanden die Engel dies nicht. Hätten Satan und sein Gefolge damals das vollständige Ergebnis ihrer Rebellion geerntet, wären sie vernichtet worden; aber es wäre nicht deutlich geworden, dass dies das unvermeidbare Ergebnis ihrer Sünde war. So wären Zweifel an Gottes Liebe und Güte zurückgeblieben.

Aber das wird nicht geschehen, wenn der große Konflikt ausgereift und beendet ist. Der Erlösungsplan wird dann vollendet und der Charakter Gottes wird für alle vernunftbegabten Wesen klar erkennbar sein. Dann ist eindeutig, dass Gottes Gesetz der Liebe vollkommen und unveränderlich ist und dem Leben dient. Auch das Wesen der Sünde und Satans wird völlig offenbar sein. Dann wird die Austilgung Satans samt seiner Anhänger und Mitläufer Gottes Liebe rechtfertigen. Auch das sah Christus vor sich, als er am Kreuz ausrief: „Es ist vollbracht!"[15]

---

[13] Sprüche 8,36 Hfa   [14] Hebräer 12,29 LB   [15] Johannes 19,30 LB

14 | Christus ist auferstanden!*

Durch Josef aus Arimathäa, einem wohlhabenden Mitglied des Hohen Rates und heimlichen Anhänger von Jesus, erhielt der ein ehrenhaftes Begräbnis. Er war mit Pilatus bekannt und bat ihn nun „um die Erlaubnis, den Leichnam vom Kreuz abnehmen zu dürfen ... Pilatus überließ ihm den Toten, und Josef ging und nahm ihn vom Kreuz ab. Auch Nikodemus, der Jesus anfangs einmal bei Nacht aufgesucht hatte, kam dazu ... Die beiden nahmen den Leichnam von Jesus und wickelten ihn mit den Duftstoffen in Leinenbinden, wie es der jüdischen Begräbnissitte entspricht. Nahe bei der Stelle, wo Jesus gekreuzigt worden war, befand sich ein Garten. Darin war eine neue Grabkammer, in der noch niemand gelegen hatte."[1]

„Die Frauen, die zusammen mit Jesus aus Galiläa gekommen waren, folgten Josef. Sie sahen das Grab und waren dabei, als der Leichnam von Jesus hineingelegt wurde. Dann kehrten sie in die Stadt zurück und beschafften sich wohlriechende Salböle. Doch den Sabbat verbrachten sie in Ruhe, wie das Gesetz es vorschreibt."[2]

Keine Ruhe fanden die Hohenpriester und Ältesten. Berichte über das Verhör und ihre Unmenschlichkeit drangen durch und gläubige Juden stellten ihnen Fragen über die Vorhersagen auf das Leiden des Messias.[3] Sie erinnerten sich zudem mit Schrecken daran, dass Jesus mehrfach vorausgesagt hatte, was mit ihm geschehen würde: In „Jerusalem ... wird der Menschensohn den Hohenpriestern und Schriftgelehrten ausgeliefert werden. Man wird ihn zum Tode verurteilen und den [Römern] übergeben ... Die werden ihn verspotten, auspeitschen und ans Kreuz schlagen. Aber am dritten Tag wird er von den Toten auferstehen."[4]

„Am nächsten Tag – es war der Sabbat – kamen die führenden Priester und die Pharisäer miteinander zu Pilatus und

---

* Dieses Kapitel basiert auf Matthäus 27,57 bis 28,15, Lukas 24,1–12.36–49 und Johannes 19,38–42 und 20,19–29.
[1] Johannes 19,38–41 [2] Lukas 23,55.56 [3] Siehe Jesaja 53, Psalm 22
[4] Matthäus 20,18.19 Hfa; vgl. 16,21; 17,22.23

sagten: ‚Herr, uns ist eingefallen, dass dieser Schwindler, als er noch lebte, behauptet hat: ‚Nach drei Tagen werde ich vom Tod auferweckt werden.' Gib deshalb Anweisung, das Grab bis zum dritten Tag zu bewachen! Sonst könnten seine Jünger kommen, die Leiche stehlen und dann dem Volk erzählen: ‚Er ist vom Tod auferweckt worden.' Dieser letzte Betrug wäre dann noch schlimmer als alles andere vorher.' ‚Da habt ihr eine Wache', sagte Pilatus. ‚Geht und sichert das Grab, so gut ihr könnt.' Sie gingen also zum Grab und versiegelten den Stein, der den Eingang zur Grabkammer verschloss. Die Wache half ihnen dabei und blieb am Grab zurück."[5] Über dem großen, runden Stein wurden Seile angebracht und mit römischen Siegeln versehen. Dann wurde eine Wache von 100 römischen Soldaten aufgestellt, um einen Diebstahl zu verhindern. Diese Maßnahmen bewiesen später, dass Jesus nicht scheintot im Grab lag und von den Jüngern befreit oder sein Leichnam von ihnen gestohlen wurde. Je mehr Wachsoldaten, umso überzeugender die Botschaft, dass Jesus tatsächlich auferstanden ist.

Die Auferstehung Christi

Die Nacht zum ersten Tag der Woche war vergangen. „Da bebte plötzlich die Erde, denn der Engel des Herrn kam vom Himmel herab, trat an das Grab, rollte den Stein weg und setzte sich darauf. Er leuchtete wie ein Blitz und sein Gewand war schneeweiß."[6]

Als der Engel, der den Platz Luzifers eingenommen hatte, den Stein vom Eingang des Grabes rollte, war es, als sei der Himmel zur Erde herabgekommen. Gabriel sagte: „Sohn Gottes, komm heraus, dein Vater ruft dich!" Die Wächter sahen Jesus aus dem Grab kommen und hörten ihn sagen: *„Ich bin die Auferstehung und das Leben!"*[7] Als er in majestätischer Herrlichkeit hervorkam, begrüßte ihn eine große Engelschar mit Lobliedern.

Von diesem Anblick waren die römischen Wachsoldaten tief erschrocken. Sie „zitterten vor Angst und fielen wie tot zu Boden".[8] Erst als Jesus und der Triumphzug der Engel verschwunden waren, fassten sie sich einigermaßen. Sie eilten in

---

[5] Matthäus 27,62–66   [6] Matthäus 28,2.3   [7] Johannes 11,25
[8] Matthäus 28,4

die Stadt und erzählten denen, die sie trafen, die wundersame Neuigkeit. „Einige der Wachsoldaten [liefen] zu den Hohenpriestern in die Stadt und berichteten, was geschehen war. Diese berieten mit den führenden Männern des Volkes, was sie nun tun sollten. Schließlich gaben sie den Soldaten viel Geld und befahlen ihnen: ‚Erzählt überall: ‚In der Nacht, als wir schliefen, sind seine Jünger gekommen und haben den Toten gestohlen.'‘"[9]

Die Hohenpriester trieben es mit ihrer Geschichte zu weit: Wenn die Soldaten geschlafen hatten, konnten sie *nichts* gesehen haben! Und Schlafen während der Wache war ein Vergehen, das mit dem Tode bestraft wurde! Die Soldaten waren entsetzt. Sollten sie lügen und sich in Lebensgefahr begeben? Wie sollten sie ein Verhör überstehen, wenn sie >>falsche Aussagen machten – selbst wenn sie dafür Geld erhielten?

Die Hohenpriester versprachen ihnen: „Wenn es dem Statthalter zu Ohren kommt, wollen wir ihn beschwichtigen und dafür sorgen, dass ihr sicher seid."[10] Der habe nämlich genauso wenig Interesse daran, dass die Wahrheit ans Licht kommt wie sie. Die Soldaten verkauften ihre Integrität.

Jesus erscheint den Frauen und den Jüngern

Am selben Morgen gingen die Frauen aus Galiläa, die bei Jesus am Kreuz gestanden hatten, hinaus zum Grab, um den Leichnam einzubalsamieren. „Früh am ersten Wochentag, gerade als die Sonne aufging, kamen die Frauen zum Grab. Schon unterwegs hatten sie sich besorgt gefragt: ‚Wer wird uns nur den schweren Stein vor der Grabkammer zur Seite rollen?' Umso erstaunter waren sie, als sie merkten, dass der Stein nicht mehr vor dem Grab lag. Sie betraten die Grabkammer, und da sahen sie auf der rechten Seite einen jungen Mann sitzen, der ein langes weißes Gewand trug. Die Frauen erschraken sehr." Es war der Engel Gabriel, der den Stein weggerollt hatte. Er hatte ein menschliches Aussehen angenommen, um sie nicht zu erschrecken, und sagte zu ihnen: „Habt keine Angst! Ihr sucht Jesus von Nazaret, den Gekreuzigten. Er ist nicht mehr hier. Er ist auferstanden. Seht her, an dieser Stelle hat er gelegen."[11]

---

[9] Matthäus 28,11–13 Hfa   [10] Matthäus 28,14 LB   [11] Markus 16,2–6 Hfa

Ängstlich schauten die Frauen auf; da wurden sie von einem anderen Engel gefragt: „Warum sucht ihr den Lebenden bei den Toten? ... Er ist nicht hier; er ist auferstanden! Denkt doch daran, was er euch in Galiläa gesagt hat: ‚Der Menschensohn muss den gottlosen Menschen ausgeliefert werden. Sie werden ihn kreuzigen, aber am dritten Tag wird er von den Toten auferstehen.‘“[12]

Die Frauen erinnerten sich nun daran. War das jetzt geschehen? „Erschrocken liefen die Frauen vom Grab weg. Gleichzeitig erfüllte sie unbeschreibliche Freude. Sie wollten sofort den Jüngern alles berichten, was sie erlebt hatten.“[13]

Die jedoch „hielten es für leeres Gerede und wollten ihnen nicht glauben. Nur Petrus stand auf und lief zum Grab. Er schaute hinein und sah dort nichts als die Leinenbinden liegen. Darauf ging er wieder zurück und fragte sich verwundert, was da wohl geschehen war.“[14]

Am Abend jenes Tages waren die Jünger in dem oberen Saal versammelt, wo sie mit Jesus das Passahmahl gegessen hatten. Die Tür war verriegelt, aus Angst vor den jüdischen Obersten. Da erschien Jesus plötzlich mitten unter ihnen.[15] „‚Friede sei mit euch!‘, begrüßte er sie. Die Jünger erschraken furchtbar. Sie dachten, ein Geist stünde vor ihnen. ‚Warum habt ihr Angst?‘, fragte Jesus. ‚Wieso zweifelt ihr daran, dass ich es bin? Seht doch die Wunden an meinen Händen und Füßen! Ich bin es wirklich. Hier, fasst mich an und überzeugt euch, dass ich kein Geist bin. Geister sind doch nicht aus Fleisch und Blut!‘ Und er zeigte ihnen seine Hände und Füße. Aber vor lauter Freude konnten sie es noch immer nicht fassen, dass Jesus vor ihnen stand. Endlich fragte er sie: ‚Habt ihr etwas zu essen hier?‘ Sie brachten ihm ein Stück gebratenen Fisch, den er vor ihren Augen aß.“[16]

Jesus erinnerte seine Jünger nun an das, worüber sie vor seiner Kreuzigung oft gesprochen hatten. Er sagte zu ihnen: „‚Erinnert euch daran, dass ich euch oft angekündigt habe: ‚Alles muss sich erfüllen, was bei Mose, bei den Propheten und in den Psalmen über mich steht.‘ Nun erklärte er ihnen die Worte der Heiligen Schrift. Er sagte: ‚Es steht doch dort geschrieben: Der Messias muss leiden und sterben, und er wird am dritten Tag von den Toten auferstehen. Alle Völker

---

[12] Lukas 24,5–7 Hfa   [13] Matthäus 28,8 Hfa   [14] Lukas 24,10.11
[15] Johannes 20,19   [16] Lukas 24,36–43 Hfa

sollen diese Botschaft hören: Gott wird jedem, der zu ihm umkehrt, die Schuld vergeben ... Ihr selbst habt miterlebt, dass Gottes Zusagen in Erfüllung gegangen sind. Ihr seid meine Zeugen.'"[17]

Christi Leben und Dienst, sein Sterben und seine Auferstehung, die Vorhersagen, die auf diese Ereignisse hinweisen, die Heiligkeit des Gesetzes Gottes, die Macht Christi, Sünden zu vergeben und Gottes Plan zur Erlösung der Menschen – all das sollten die Jünger nun weltweit verkünden.

Als der Auferstandene zum ersten Mal mit seinen Jüngern zusammentraf, war Thomas nicht dabei gewesen. Er hatte zwar von den anderen gehört, dass Jesus auferstanden sei, aber er zweifelte daran. Er erklärte ihnen: „Ich glaube es erst, wenn ich seine durchbohrten Hände gesehen habe. Mit meinen Fingern will ich sie fühlen, und meine Hand will ich in die Wunde an seiner Seite legen."[18]

„Eine Woche später waren die Jünger wieder im Haus versammelt und Thomas war bei ihnen. Die Türen waren abgeschlossen. Jesus kam, trat in ihre Mitte und sagte: ‚Frieden sei mit euch!' Dann wandte er sich an Thomas und sagte: ‚Leg deinen Finger hierher und sieh dir meine Hände an! Streck deine Hand aus und lege sie in meine Seitenwunde! Hör auf zu zweifeln und glaube!'"[19]

Thomas wusste, dass keiner seiner Kameraden Jesus von seinem Zweifel erzählt haben konnte. Er brauchte keinen weiteren Beweis. Sein Herz war voller Freude, und er warf sich Jesus zu Füßen und sagte: „Mein Herr und mein Gott!"

Jesus akzeptierte diese Huldigung, aber er tadelte sanft den Unglauben des Thomas: „Du glaubst, weil du mich gesehen hast. Freuen dürfen sich alle, die mich nicht sehen und trotzdem glauben!"[20]

Wer dem Beispiel des Thomas folgt, wird nie an den Auferstandenen glauben, denn alle, die Christus annehmen, müssen das aufgrund des Zeugnisses anderer tun. Auf das Zeugnis der Jünger und der Bibel können wir uns verlassen.

---

[17] Lukas 24,44–48 Hfa   [18] Johannes 20,24.25 Hfa   [19] Johannes 20,26.27
[20] Johannes 20,28.29

15 | Die Himmelfahrt Christi*

„Nach seinem Leiden und Sterben hatte" Jesus sich seinen Jüngern „wiederholt gezeigt und ihnen die Gewissheit gegeben, dass er lebte. Während vierzig Tagen kam er ... zu ihnen und sprach mit ihnen darüber, wie Gott seine Herrschaft aufrichten und sein Werk vollenden werde."[1]

Jesus gab ihnen dabei die Versicherung: „Gott hat mir unbeschränkte Vollmacht im Himmel und auf der Erde gegeben. Darum geht nun zu allen Völkern der Welt und macht die Menschen zu meinen Jüngern und Jüngerinnen! Tauft sie im Namen des Vaters und des Sohnes und des Heiligen Geistes, und lehrt sie, alles zu befolgen, was ich euch aufgetragen habe. Und das sollt ihr wissen: Ich bin immer bei euch, jeden Tag, bis zum Ende der Welt."[2] Dies würde durch den Heiligen Geist geschehen, der künftig ihr Beistand sein sollte.[3] Und Jesus versprach: „Ihr werdet den Heiligen Geist empfangen und durch seine Kraft meine Zeugen sein in Jerusalem und Judäa, in Samarien und auf der ganzen Erde."[4]

Nun war die Zeit gekommen, dass Christus als Sieger zu seinem Vater im Himmel auffahren sollte. Daher war Jesus mit den elf Jüngern zum Ölberg unterwegs. Als sie Jerusalem durch ein Stadttor verließen, mag mancher dieser Gruppe verwundert nachgeschaut haben. War der Mann an ihrer Spitze nicht vor einigen Wochen gekreuzigt worden?

Die Jünger ahnten, dass nun ihr letztes Beisammensein mit dem Meister hier auf der Erde gekommen war. Jesus unterhielt sich mit ihnen und wiederholte seine früheren Weisungen. Als er mit ihnen sprach, „wurde er vor ihren Augen emporgehoben. Eine Wolke nahm ihn auf, sodass sie ihn nicht mehr sehen konnten."[5] Mit ausgestreckten Händen des Segens, als ob er sie seiner schützenden Fürsorge versichern wollte, fuhr er langsam vor ihren Augen in den Himmel hinauf.

---

* Dieses Kapitel basiert auf Apostelgeschichte 1,3–11.
[1] Apostelgeschichte 1,3   [2] Matthäus 28,18–20   [3] Johannes 14,16–18
[4] Apostelgeschichte 1,8 Hfa   [5] Apostelgeschichte 1,9

Als er auffuhr, strengten sich die Jünger an, um den letzten Blick von ihrem Herrn zu erhaschen. Umhüllt von einer Wolke mit himmlischem Glanz entschwand er allmählich ihren Blicken. Sie hörten nochmals seine Worte „Ich bin immer bei euch." Eine große Schar Engel begleitete den Gottessohn. Ihr Lobgesang drang auch an die Ohren der Jünger.

Die Versicherung der Wiederkunft

Als die Jünger „noch wie gebannt nach oben starrten und hinter ihm hersahen, standen plötzlich zwei weiß gekleidete Männer neben ihnen. ‚Ihr Galiläer', sagten sie, ‚warum steht ihr hier und schaut nach oben? Dieser Jesus, der von euch weg in den Himmel aufgenommen wurde, wird auf dieselbe Weise wiederkommen, wie ihr ihn habt weggehen sehen!'"[6]

Diese Engel von höchstem himmlischen Rang waren dieselben, die am Auferstehungsmorgen zum Grab gekommen waren, in dem Jesus gelegen hatte. Auch während seines Erdenlebens waren sie stets um ihn gewesen. Mit ungeduldigem Verlangen hatten sie auf das Ende seines Aufenthaltes auf dieser von Sünde und Satan geprägten Welt gewartet. Nun wollten sie ihn in den Himmel begleiten, aber sie warteten, um die auf der Erde verbliebenen Jünger zu trösten.

Christus war in menschlicher Gestalt zum Himmel aufgefahren – derselbe Jesus, den sie drei Jahre begleitet hatten, der mit ihnen gegessen hatte und der gerade mit ihnen auf den Ölberg gegangen war. Nun versprachen ihnen die Engel, dass der, den sie gerade in den Himmel haben entschwinden sehen, genauso wiederkommen würde.

In der Bibel wird das häufig bezeugt. Johannes bezeugte: „Jesus Christus wird in den Wolken kommen. Alle Menschen werden ihn sehen."[7] Paulus schrieb an die Thessalonicher: „Wenn Gottes Befehl ergeht, der oberste Engel ruft und die himmlische Posaune ertönt, wird Christus, der Herr, selbst vom Himmel kommen. Zuerst werden dann alle, die im Vertrauen auf ihn gestorben sind, aus dem Grab auferstehen."[8] Und Jesus selbst hatte gesagt: „Wenn der Menschensohn in seiner ganzen Herrlichkeit, begleitet von allen Engeln, kommt, dann wird er auf dem Thron Gottes sitzen."[9] Dann

---

[6] Apostelgeschichte 1,10.11   [7] Offenbarung 1,7a Hfa
[8] 1. Thessalonicher 4,16   [9] Matthäus 25,31 Hfa

wird in Erfüllung gehen, was Jesus seinen Jüngern versprochen hatte: „Im Haus meines Vaters gibt es viele Wohnungen, und ich gehe jetzt hin, um dort einen Platz für euch bereitzumachen ... Und wenn ich gegangen bin und euch den Platz bereitet habe, dann werde ich zurückkommen und euch zu mir nehmen, damit auch ihr seid, wo ich bin."[10]

Die Jünger fürchteten sich nun nicht mehr vor der Zukunft. Sie wussten, dass Jesus im Himmel zur Rechten Gottes war und seine Sympathie ihnen galt. Sie hatten einen Freund bei Gott. Dem himmlischen Vater würden sie künftig ihre Bitten im Namen Jesu vorbringen.

Ehrfürchtig knieten sie zum Beten nieder und wiederholten seine Verheißung: „Der Vater wird euch alles geben, worum ihr ihn bittet, weil ihr es in meinem Namen tut und euch auf mich beruft ... Bittet, und ihr werdet es bekommen, damit eure Freude vollkommen ist."[11] Zu Pfingsten erlebten sie diese Freude uneingeschränkt, als der himmlische Beistand sie erfüllte – der Heilige Geist, den Christus ihnen zu senden versprochen hatte.

Die Ankunft des Sohnes beim Vater

Im Himmel warteten alle darauf, den Erlöser bei seinem Einzug willkommen zu heißen. Jesus schickte sich an, in die Gegenwart des Vaters zu treten. Er erklärte: „Das Werk der Erlösung ist vollendet." Und es blieb nur noch der eine Wunsch Jesu: „Vater, ich möchte, dass alle, die du mir gegeben hast, bei mir bleiben. Sie sollen an meiner Herrlichkeit teilhaben."[12]

Der Vater erklärte, dass der Gerechtigkeit Genüge getan und Satan nun überwunden war. Er umarmte den Sohn und gebot: „Alle Engel sollen ihn anbeten."[13]

Der Himmel war erfüllt von Freude und Lobpreis. Die Liebe hatte gesiegt; verlorene Menschen waren wiedergefunden und mit Gott versöhnt. Ein Jubelchor erklang: „Preis und Ehre, Ruhm und Macht gehören ihm, der auf dem Thron sitzt, und dem Lamm [Christus], für alle Ewigkeit."[14]

---

[10] Johannes 14,2.3   [11] Johannes 16,23.24   [12] Johannes 17,24 Hfa
[13] Hebräer 1,6 Hfa   [14] Offenbarung 5,13

16 | Jesus Christus kommt wieder*

Mitten in der Nacht wird Gott seine Macht zeigen, um seine wahren Kinder zu befreien, die verachtet und verfolgt werden, weil sie seine Gebote treu halten. Plötzlich wird die Sonne in ihrer Kraft aufleuchten; Zeichen und Wunder werden geschehen; die Ordnung der Natur gerät durcheinander. Die Menschen sind erschrocken und voller Angst; die Getreuen Gottes erkennen dagegen darin Anzeichen ihrer Rettung.

Es gibt ein gewaltiges Erdbeben, „so heftig wie noch nie seit Menschengedenken ... Die Städte der Welt sinken in Trümmer ... Die Inseln versinken, und die Berge stürzen in sich zusammen."[1] Die Erdoberfläche bricht auf, ihre Grundfesten scheinen zu weichen. Es gibt gewaltige Tsunamis, die die Hafenstädte, die voller Bosheit sind, verschlingen. „Riesige zentnerschwere Hagelbrocken fallen vom Himmel auf die Menschen" und verrichten ihr zerstörerisches Werk.[2] Stolze Anwesen und Städte liegen in Trümmern. Auch Gefängnismauern stürzen ein und gefangene Gläubige kommen frei.

Auch Gräber öffnen sich und „viele, die in der Erde schlafen, werden erwachen, die einen zum ewigen Leben, die andern zu ewiger Schmach und Schande".[3] Auch diejenigen, die Christus „ans Kreuz geschlagen" oder ihn in seinen Todesqualen verspottet haben und die gewalttätigsten Widersacher der treuen Christen vergangener Jahrhunderte werden auferweckt, um „den Menschensohn auf den Wolken des Himmels mit göttlicher Macht und Herrlichkeit" wiederkommen zu sehen.[4] Sie sollen miterleben, wie der Sohn Gottes diejenigen ehrt, die ihm die Treue gehalten und die Gebote Gottes befolgt haben. Alle, die ihnen gegenüber früher so überheblich und herausfordernd gewesen waren, zittern nun vor Angst.

Heftige Blitze hüllen die Erde wie in eine Feuerwand ein. Über dem Donner kündigen geheimnisvolle und fürchter-

---

Dieses Kapitel beruht auf Offenbarung 16,17–21; 19,11–16; 6,14–17; Matthäus 24,30.31; 1. Thessalonicher 4,15–17 und 1. Korinther 15,51–55.
[1] Offenbarung 16,18–20 Hfa (Texte in die Gegenwartsform gesetzt)
[2] Offenbarung 16,21 Hfa   [3] Daniel 12,2   [4] Offenbarung 1,7 Hfa; Matthäus 24,30

liche Stimmen das Schicksal der boshaften Menschen an.[5] Ihr Geschrei übertönt selbst den Aufruhr der Elemente. Einige Leute flehen Gott um Gnade an.

Am Himmel erscheint eine Hand mit den beiden Tafeln der Zehn Gebote. Das Gesetz Gottes, das einst vom Berg Sinai dem Volk Gottes verkündigt wurde, wird zum Maßstab seines Gerichts erklärt. Schon König Salomo hatte gesagt: „Lasst uns das Wichtigste von allem hören: Begegne Gott mit Ehrfurcht, und halte seine Gebote! Das gilt für jeden Menschen. Denn Gott wird Gericht halten über alles, was wir tun – sei es gut oder böse –, auch wenn es jetzt noch verborgen ist."[6]

Das Entsetzen und die Verzweiflung derer, die die Zehn Gebote mit Füßen getreten haben, werden unbeschreiblich sein. Um das Wohlwollen der Welt zu gewinnen, hatten sie die Gebote für nicht mehr bindend erklärt und damit unzählige Menschen zur Übertretung verführt. Nun wird anhand dieser Gebote, die sie verachtet haben, ihr Urteil gesprochen. Sie erkennen, dass sie keine Entschuldigung haben. Zu spät begreifen sie, dass das Sabbatgebot, das sie für aufgehoben erklärt haben, in Wirklichkeit „das Siegel des lebendigen Gottes" beinhaltet.[7] Christliche Theologen und Leiter haben Menschen ins Verderben geführt, während sie behaupteten, ihnen den Weg ins Paradies zu weisen. Sie haben in Wirklichkeit gegen Gott gekämpft.

Der König der Könige erscheint

Vom Himmel erschallt die Stimme Gottes und verkündigt, dass der Tag und die Stunde der Wiederkunft Christi gekommen sind. Die Gläubigen hören es und ihr Gesicht beginnt zu leuchten. Bald erscheint am Himmel im Osten eine kleine Wolke, die näher kommt – „das Zeichen des Menschensohnes".[8] Es ist die Wolke, die den Erlöser umgibt. In feierlichem Schweigen schauen die Getreuen Gottes auf diese Wolke, wie sie immer näher kommt und größer und heller wird. Ihr Grund sieht schließlich aus wie verzehrendes Feuer und über ihr leuchtet der Bogen des Bundes Gottes.[9] Nun trägt Jesus nicht mehr die Dornenkrone seiner Erniedrigung, sondern das königliche Diadem seiner Verherrlichung. Er kommt als

---

[5] Offenbarung 16,18a Hfa   [6] Prediger 12,13.14 Hfa; vgl. Jakobus 2,10–12
[7] Offenbarung 7,2; vgl. 2. Mose 20,11   [8] Matthäus 24,30
[9] 1. Mose 9,16.17

mächtiger Sieger in all der Herrlichkeit Gottes wieder. „Auf seinem Gewand, an der Hüfte, stand der Name: ‚König über alle Könige! Herr über alle Herren!‘ "[10] Eine große Schar heiliger Engel begleitet ihn.[11]

„Angst und Schrecken ergreift die Mächtigen und Herrscher der Erde, die Heerführer, die Reichen und die Starken ... Sie alle suchen Schutz in Höhlen und zwischen den Felsen der Berge. Und alle schreien zu den Bergen: ‚Stürzt doch auf uns herab! Verbergt uns vor den Augen dessen, dem alle Macht gehört! Bewahrt uns vor dem Zorn des Lammes! Der Tag, an dem sie Gericht halten, ist jetzt gekommen. Wer kann da bestehen?‘ "[12] Die boshaften Menschen möchten lieber unter Felsen oder Trümmern begraben sein, als dem ins Gesicht blicken zu müssen, den sie verachtet haben. Sie haben seine Stimme hören können in den Bitten eines Freundes oder Verwandten, der sie zur Umkehr aufrief. Sie erinnern sich nun an die Warnungen, die sie verachtet haben, und an die Aufforderungen zur Umkehr, die sie zurückgewiesen haben.

Im Leben aller Menschen, die Gottes Erlösung und Wahrheit abgelehnt haben, gibt es Augenblicke, in denen das Gewissen erwacht und sie an ihre Sünden erinnert, und die Seele von vergeblichem Bedauern geplagt wird. Aber das wird nichts sein im Vergleich zu den Gewissensbissen an dem Tag, wenn Jesus wiederkommt. Inmitten ihres Schreckens hören sie die treuen Gläubigen rufen: „Siehe, das ist unser Gott, auf den wir hofften, dass er uns helfe." [13]

Die Stimme des Sohnes Gottes ruft nun die toten Gläubigen aller Zeitalter ins Leben zurück. Jesus hatte selbst angekündigt: „Die Stunde kommt, da werden alle Toten in den Gräbern meine Stimme hören und ihre Gräber verlassen. Alle, die Gutes getan haben, werden auferstehen, um das [ewige] Leben zu empfangen, und die Böses getan haben, um verurteilt zu werden."[14] Die zweite Auferstehung und das Endgericht werden erst 1000 Jahre später erfolgen.[15] Wer von den Menschen, die nicht mit Gott im Reinen sind, noch nicht durch die Folgen des gewaltigen Erdbebens und der Naturkatastrophen umgekommen ist, wird durch den Glanz der Herrlichkeit Christi bei seiner Wiederkunft getötet werden.[16]

---

[10] Offenbarung 19,16 Hfa   [11] Matthäus 25,31.
[12] Offenbarung 6,15-17 Hfa (Texte in die Gegenwartsform gesetzt)
[13] Jesaja 25,9 LB   [14] Johannes 5,28.29   [15] Offenbarung 20,5.6
[16] 2. Thessalonicher 1,7–10; vgl. 2. Mose 24,17; 33,18.20

Die verstorbenen treuen Gläubigen werden aber einen neugeschaffenen, gesunden, ewig jungen und unsterblichen Körper erhalten. Die ehedem vergängliche, von Sünde entstellte Gestalt wird dann vollkommen und schön sein. Die Auferstandenen werden jubelnd rufen: „Tod, wo ist dein Sieg? Tod, wo ist deine Macht?"[17]

Die lebenden Gerechten werden danach „in einem Augenblick ... verwandelt werden".[18] Paulus hatte erklärt: Christus „wird unseren schwachen, vergänglichen Körper verwandeln, sodass er genauso herrlich und unvergänglich wird wie der Körper, den er selber seit seiner Auferstehung hat".[19] An Körper, Seele und Geist werden die Erlösten das Bild ihres Herrn widerspiegeln. Gemeinsam mit den auferstandenen Gläubigen werden sie Christus entgegengerückt.[20] Engel „werden seine Auserwählten aus allen Teilen der Welt zu ihm bringen".[21] Kleine Kinder werden in die Arme ihrer Mütter gebracht, Verwandte und Freunde, die der Tod getrennt hatte, werden wieder vereinigt, um sich nie mehr trennen zu müssen. Mit Freudengesängen steigen sie gemeinsam zur Stadt Gottes im Himmel auf.

Die heilige Stadt Gottes – das neue Jerusalem

Christus öffnet die Tore des neuen Jerusalems und alle Erlösten ziehen ein. Sie hören seine Worte: „Kommt her, ihr Gesegneten meines Vaters, ererbt das Reich, das euch bereitet ist von Anbeginn der Welt."[22] Welch eine Begeisterung wird herrschen, wenn der himmlische Vater auf die Erlösten blickt und sein Abbild erkennt. Alle Zerstörung durch die Sünde ist beseitigt und die Menschheit ist wieder in Harmonie mit Gott!

Die Freude des Erlösers wird darin bestehen, im ewigen Reich der Herrlichkeit die Menschen zu sehen, die durch seine Erniedrigung und sein Opfer am Kreuz gerettet wurden. Die Erlösten werden diese Freude teilen. Sie werden Menschen wiedertreffen, denen sie die Rettungstat Christi erklärt, denen sie geholfen und für die sie gebetet haben.

[17] 1. Korinther 15,55   [18] 1. Korinther 15,51–53   [19] Philipper 3,21
[20] 1. Thessalonicher 4,16.17   [21] Matthäus 24,31 Hfa   [22] Matthäus 25,34 LB*

17 | Das Ende des großen Konflikts*

Während der 1000 Jahre zwischen der ersten und der zweiten Auferstehung findet im neuen Jerusalem das Gericht über die verlorenen Menschen in deren Abwesenheit statt. Dem Apostel Johannes wurde es gezeigt: „Ich sah Throne und [Auferstandene] setzten sich darauf, und ihnen wurde das Gericht übergeben … [Sie] regierten mit Christus 1000 Jahre."[1] Zu dieser Zeit wird, wie Paulus vorausgesagt hat, „die Gemeinde Gottes … die Welt richten".[2] Die Fälle aller Menschen, die nicht gerettet wurden, werden in aller Ausführlichkeit in Anwesenheit der Erlösten noch einmal aufgerollt. Anhand der aufgezeichneten Taten wird sich erweisen, dass die Verlorenen die Gebote Gottes willentlich übertreten und die Erlösung durch Christus abgelehnt haben oder ihm untreu geworden sind. Die Gerechtigkeit und Unausweichlichkeit der von Gott vor der Wiederkunft Christi gefällten Urteile wird sich deutlich erweisen. Durch ein Leben in Selbstsucht und Sünde ist der Charakter der Verlorenen so verdorben worden, dass sie nicht in die Gemeinschaft der erlösten Kinder Gottes hineinpassen. Die Atmosphäre des Himmels wäre für sie eine Qual.

Am Ende der 1000 Jahre kommt Christus noch einmal auf die verwüstete Erde zurück. Alle Erlösten und die Engel begleiten ihn. Nun ruft er alle verbliebenen Toten ins Leben zurück.[3] Welch ein Unterschied zu denen, die bei der ersten Auferstehung dabei waren! Während die Gläubigen mit einem neuen, unsterblichen Körper auferstehen, werden die Verlorenen die Spuren von Krankheiten und Tod an sich tragen.

Die „Heilige Stadt, das neue Jerusalem", wird dann „von Gott aus dem Himmel" auf die Erde herabkommen.[4] Christus, die Erlösten und die Engel ziehen erneut in sie ein.

Während der 1000 Jahre, in denen die Erlösten in der Stadt im Himmel waren und auf der Erde keine Menschen mehr lebten, durften Satan und seine Dämonen die Erde nicht ver-

---

Dieses Kapitel basiert auf Offenbarung 20,1 bis 22,5 und 15,2–4.
[1] Offenbarung 20,4   [2] 1. Korinther 6,2   [3] Offenbarung 20,5
[4] Offenbarung 21,2

lassen.[5] Diese Zeit der zwangsweisen Untätigkeit war für Satan deprimierend. Doch nun, als er die große Menge auferstandener Menschen sieht, die er zu deren Lebzeiten auf seine Seite gezogen hat, schöpft er wieder Hoffnung. Er entschließt sich, im großen Konflikt nicht nachzugeben. Indem diese Menschen Christus und seine Erlösung ablehnten, haben sie sich ja praktisch auf Satans Seite gestellt und folgen weitgehend seinen Eingebungen.

Seiner früheren Gerissenheit folgend gibt sich Satan ihnen jedoch nicht als der Feind Christi zu erkennen. Er behauptet vielmehr, ihr Erlöser zu sein und der rechtmäßige Herrscher der Erde. Er versichert ihnen, es sei seine Macht gewesen, die sie vom Tod auferweckt hat, und er wirkt Wunder, um seine Behauptungen zu bekräftigen. Er werde sie als ihr Führer von der grausamen Gewaltherrschaft befreien, die Stadt erobern und seine Herrschaft über die Erde zurückgewinnen.

Unter den Auferstandenen sind Könige und Feldherren, die Völker besiegt haben. Satan macht sich ihre Gier nach Macht und Eroberung zunutze und berät sich mit ihnen und seinen Engeln. Angesichts ihrer zahlenmäßigen Überlegenheit meinen sie, den Kampf gewinnen zu können. Waffen werden gebaut und Kampfverbände aufgestellt. Schließlich gibt Satan den Befehl, gegen die Heilige Stadt vorzurücken.[6]

Christus lässt die Tore der Stadt schließen. Dann erscheint er hoch über der Stadt auf einem Thron, der auf einem breiten Fundament von glänzendem Gold steht, umgeben von den Erlösten. Es ist „eine große Menge Menschen, so viele, dass niemand sie zählen" kann. Sie stehen „in weißen Kleidern vor dem Thron und dem Lamm"[7] – ein Sinnbild der Gerechtigkeit Christi, durch die ihre Sünden gesühnt sind.[8]

Das Urteil über die Verlorenen wird verkündet

Nun wird Christus in Gegenwart aller Menschen und Engel zum „König aller Könige" gekrönt. Angetan mit den Zeichen seiner Herrschaft und Macht verkündet er dann das Urteil über alle, die sich gegen Gottes Gebote aufgelehnt oder seine treuen Kinder unterdrückt haben. Dem Apostel Johannes wurde diese Szene gezeigt: „Dann sah ich einen großen

---

[5] Offenbarung 20,1–3   [6] Offenbarung 20,7–9   [7] Offenbarung 7,9
[8] Jesaja 61,10; vgl. Römer 5,17.18

weißen Thron und den, der darauf sitzt ... Ich sah alle [auferstandenen] Toten ... vor dem Thron stehen. Die Bücher wurden geöffnet, in denen alle Taten aufgeschrieben sind. Dann wurde noch ein Buch aufgeschlagen: das Buch des Lebens. Den Toten wurde das Urteil gesprochen; es richtete sich nach ihren Taten, die in den Büchern aufgeschrieben waren."[9]

Wenn Jesu Auge auf die versammelte Menge fällt, wird sich jeder Mensch seiner Sünden bewusst werden. Die Verlorenen erkennen, wo sie von Gott abgewichen sind, wie sie sündigen Gewohnheiten gefrönt und Versuchungen nachgegeben haben, wie sie Warnungen missachtet oder Gottes Boten verhöhnt haben, die sie zur Umkehr riefen, und wie Gottes Barmherzigkeit an ihrem unbußfertigen Herzen abprallte. Ihre Schuld wird ihnen wie mit Flammenschrift geschrieben vor Augen stehen.

Dann wird über dem Thron ein Kreuz sichtbar. Wie auf großen Videowänden erscheinen vor den Augen aller die Stationen des Erlösungsplanes im Leben Christi von seiner Geburt bis zu den Leiden bei der Kreuzigung. Niemand, auch nicht Satan und seine Engel, wird sich diesem gewaltigen Schauspiel entziehen können.

Die Menschen und Engel stehen vor den Schranken des göttlichen Gerichts unter der Anklage des Hochverrats gegenüber der Herrschaft Gottes. Sie haben keinerlei Entschuldigung; deshalb wird das Urteil des ewigen Todes über sie verhängt. Nun wird allen deutlich, dass die Auflehnung gegen Gott nicht Unabhängigkeit, Freiheit und ein schönes Leben mit sich bringt, sondern Knechtschaft, Unglück und Tod. Alle erkennen, dass ihr Ausschluss vom ewigen Leben gerecht ist, denn durch ihre Lebensführung haben sie erklärt: „Wir wollen diesen Mann [Jesus] nicht als König haben!"[10]

Wie verzückt erleben die Verlorenen die Krönung des Sohnes Gottes. Sie sehen in seinen Händen die beiden Tafeln mit den Zehn Geboten, die sie missachtet haben. Sie erleben den erneuten Ausbruch seiner Verehrung durch die Erlösten, die sie auch außerhalb der Stadt deutlich vernehmen können. Nun rufen auch sie aus: „Gerecht und wahrhaftig sind deine Wege, du König der Völker", und werfen sich vor Christus nieder.[11]

---

[9] Offenbarung 20,11.12   [10] Lukas 19,14   [11] Offenbarung 15,3.4

Satan ist endgültig entlarvt und besiegt

Satan scheint wie gelähmt zu sein. Er erinnert sich, von welch einer bevorzugten Stellung er gefallen ist. Ein anderer mächtiger Engel steht nun in Gottes Nähe. Satan blickt zurück auf sein Werk auf Erden und die Folgen, die sich daraus ergeben haben: Feindschaft unter Menschen, Aufruhr, Kämpfe, Revolutionen und eine Unmenge von Leid! Er erinnert sich an seine ständigen Anstrengungen, das Wirken Christi zu behindern und die Menschen immer tiefer sinken zu lassen. Als er auf das Ergebnis seiner Bemühungen schaut, sieht er nur Misserfolge und Scheitern. Immer wieder ist Satan im Verlauf des großen Konflikts besiegt worden.

Stets hatte er sich gerechtfertigt und Gottes Art der Herrschaft für seine Auflehnung verantwortlich gemacht. Unzählige Menschen hat er planmäßig getäuscht und jahrtausendelang Lüge als Wahrheit ausgegeben. Aber nun ist das wahre Wesen Satans vor allen endgültig enthüllt worden. Seine letzte Anstrengung, Christus zu besiegen, dessen Volk zu zerstören und die Stadt Gottes zu erobern, hat den Erzbetrüger völlig entlarvt. Jene, die sich ihm angeschlossen haben, erkennen das völlige Scheitern seiner Sache.

Satan erkennt, dass seine willentliche Rebellion ihn für den Himmel ungeeignet gemacht hat. Er hat seine Fähigkeiten zum Kampf gegen Gott benutzt und die Reinheit und Harmonie des Himmels wären für ihn die größte Qual. Jetzt beugt auch er sich vor Christus und bekennt, dass seine Verurteilung gerecht ist.

Nun sind alle Fragen in dem jahrtausendelangen Konflikt zwischen Gut und Böse beantwortet. Vor dem ganzen Universum ist offenbar geworden, wie sich die Missachtung der Prinzipien Gottes ausgewirkt hat. Die Geschichte des Bösen und der Sünde wird für alle Ewigkeit ein Zeugnis dafür sein, dass das Glück und Wohlergehen aller Geschöpfe nicht ohne das Befolgen der Gebote Gottes erreicht werden kann. Sie sind ja eine Konkretisierung des Prinzips der Gottes- und Nächstenliebe.[12] Deshalb erklären alle – ob sie Gott treu geblieben sind oder nicht – einmütig: „Gerecht und wahrhaftig sind deine Wege, du König der Völker."[13]

---

[12] Matthäus 22,36–40; Römer 13,8–10   [13] Offenbarung 15,3.4

Das Ende Satans und aller seiner Anhänger

Obwohl Satan Gottes Gerechtigkeit anerkannt hat, ändert sich an seiner aufrührerischen Gesinnung nichts. Er beschließt, den Kampf gegen Christus noch nicht aufzugeben. Aber die unzähligen Menschen, die er zur Missachtung Gottes und Christi verführt hat, folgen seiner Herrschaft nicht mehr. Zwar hegen auch sie weiterhin Hass gegen Gott, aber sie erkennen, dass Satan sie irregeführt hat. Nun wenden sie sich in ihrer Wut gegen Satan und seine Helfer.

Da fällt „Feuer vom Himmel";[14] die Erde bricht auf und speit ebenfalls Feuer. Selbst die Felsen stehen in Flammen. „Die Elemente werden sich auflösen und im Feuer verglühen, und die Erde wird verbrennen mit allem, was auf ihr ist", erklärte Petrus.[15] Die Erdoberfläche scheint eine geschmolzene Masse zu sein, ein riesiger „See aus Feuer".[16]

Alle Verlorenen werden „entsprechend ihren Taten" bestraft.[17] Sie werden unterschiedlich lange zu leiden haben, aber schließlich werden alle für immer vom Erdboden vertilgt. Dann erfüllt sich die alte Vorhersage Gottes: „Dann werden alle Bösen, die mich voll Übermut verachten, dahingerafft wie Stroh, das vom Feuer verzehrt wird. Nichts bleibt von ihnen übrig, weder Wurzeln noch Zweige."[18]

Satan muss nicht nur für seine eigenen Sünden leiden, sondern auch für die, zu denen er die Erlösten verführt hat. Deshalb ist er der Letzte, der vom Feuer verzehrt wird. Damit ist seinem jahrtausendelangen Zerstörungswerk für immer ein Ende bereitet.

Das Feuer, das die Verlorenen verzehrt, reinigt zugleich die Erde für das Neue, das Gott schaffen will. Jede Spur der Sünde wird ausgetilgt. Johannes berichtete: „Dann sah ich einen neuen Himmel und eine neue Erde. Denn der vorige Himmel und die vorige Erde waren vergangen, und auch das Meer war nicht mehr da."[19]

Nur ein Erinnerungszeichen wird bleiben: Unser Erlöser wird die Merkmale seiner Kreuzigung behalten,[20] die Zeichen der schrecklichen Auswirkungen der Sünde und seines großen Opfers. Ewig werden die Narben der Wunden

---

[14] Offenbarung 20,9b   [15] 2. Petrus 3,10 Hfa   [16] Offenbarung 20,14 Hfa
[17] Offenbarung 20,13 Hfa   [18] Maleachi 3,19   [19] Offenbarung 21,1 Hfa
[20] Lukas 24,39.40; Johannes 20,25.27

seiner Kreuzigung ihn preisen und die Macht seiner Liebe verkündigen.

Die Verhältnisse auf der neuen Erde

Bevor Jesus seine Jünger verließ und zum Vater zurückkehrte, hatte er zu ihnen gesagt: „Im Haus meines Vaters gibt es viele Wohnungen, und ich gehe jetzt hin, um dort einen Platz für euch bereitzumachen."[21] Die Metropole der erneuerten Erde, die dem Garten Eden ähneln wird, wird das riesengroße „neue Jerusalem" sein. Sie ist nach den Beschreibungen von Johannes etwa 2400 Kilometer im Quadrat groß.[22] Es wird keinen Tempel darin geben, denn „Gott, der Herrscher der ganzen Welt, ist selbst ihr Tempel, und das Lamm [Christus] mit ihm. Die Stadt braucht weder Sonne noch Mond, damit es hell in ihr wird. Die Herrlichkeit Gottes strahlt in ihr und das Lamm ist ihre Leuchte."[23] Aber das, was für die Kinder Gottes am wichtigsten ist, drückte Johannes so aus: „Dies ist die Wohnstätte Gottes bei den Menschen! Er wird bei ihnen wohnen, und sie werden seine Völker sein. Gott selbst wird als ihr Gott bei ihnen sein."[24]

Die Trennung zwischen Mensch und Gott wird aufgehoben sein; die Menschen werden Gott wieder von Angesicht zu Angesicht sehen und jederzeit Zugang zu ihm haben. „Er wird alle ihre Tränen abwischen. Es wird keinen Tod mehr geben und keine Traurigkeit, keine Klage und keine Quälerei mehr. Was einmal war, ist für immer vorbei."[25] Auf der erneuerten Erde werden die Bewohner ein gesichertes Leben führen – ein ewiges Leben, weil sie Zugang zu den Früchten des „Baumes des Lebens" haben, der Adam und Eva nach ihrem Sündenfall verwehrt wurde.[26] „An beiden Ufern des Flusses, der neben der großen Straße der Stadt fließt, wachsen Bäume des Lebens. Sie tragen zwölfmal im Jahr Früchte, jeden Monat aufs Neue."[27]

Dort werden unsterbliche Menschen mit unermüdlicher Freude die Wunder der schöpferischen Macht Gottes und die Geheimnisse seiner erlösenden Liebe betrachten. Jede Anlage wird entwickelt werden, jede Fähigkeit zunehmen. Die wach-

---

[21] Johannes 14,2   [22] Offenbarung 21,16 Hfa   [23] Offenbarung 21,22.23
[24] Offenbarung 21,3   [25] Offenbarung 21,4   [26] 1, Mose 3,22–24
[27] Offenbarung 22,2 Hfa

senden Erkenntnisse werden weder das Gedächtnis ermüden noch die Tatkraft erschöpfen. Die größten Unternehmungen können ausgeführt, die erhabensten Bemühungen erreicht, die höchsten Ambitionen verwirklicht werden. Und doch gibt es immer neue Höhen zu erklimmen, neue Wunder zu bestaunen, neue Wahrheiten zu erfassen, und neue Aufgaben werden die Kräfte des Geistes, der Seele und des Körpers entwickeln.

Alle Schätze des Weltalls werden den Erlösten zur Erforschung offenstehen. Frei von den Begrenzungen der Sterblichkeit erreichen sie in einem Flug, der sie nicht ermüdet, ferne Welten. Die Menschen erhalten Anteil an den Freuden und der Weisheit der nie gefallenen Wesen, an den Schätzen des Wissens und der Erkenntnis, die jene durch die lange Betrachtung der Schöpferwerke Gottes gewonnen haben. Mit ungetrübtem Blick erkennen sie deren Herrlichkeit.

Und die dahingehenden Jahre der Ewigkeit werden ihnen reichere und immer herrlichere Offenbarungen Gottes und Christi bringen. Mit wachsender Erkenntnis wird auch die Liebe, Ehrfurcht und Glückseligkeit zunehmen. Je mehr die Menschen von Gott lernen, desto größer wird ihre Bewunderung seines Wesens sein. Und wenn Jesus ihnen die Reichtümer der Erlösung und die erstaunlichen Taten in dem erbitterten Kampf mit Satan erschließt, werden die Herzen der Erlösten immer mehr in Liebe und Hingabe erglühen, und Millionen von Stimmen vereinigen sich zu einem mächtigen Lobgesang.

Der große Konflikt ist beendet. Satan, Sünde und Sünder gibt es nicht mehr. Das Universum ist wieder frei von Auflehnung und Hass. Liebe, Eintracht und Freude bestimmen das Zusammenleben.

Von Gott, der alles erschaffen hat, gehen ständig Leben, Licht und Freude aus. Vom kleinsten Atom bis zum größten Weltenkörper bezeugen die unbelebte Schöpfung mit ihrer erstaunlichen Schönheit und alle intelligenten Wesen in vollkommener Freude: „Gott ist Liebe!"[28]

---

[28] 1. Johannes 4,16

Die Geschichte der Hoffnung

Hardcover-Ausgabe im Schuber

Diese fünf Bücher sind einzigartige Begleiter durch die gesamte Bibel. Sie folgen dem biblischen Text des Alten und Neuen Testaments in anschaulicher, erzählerischer Form.

Erleben Sie, wie Ihr Leben durch das Lesen dieser Bücher positive Impulse erhält und an Hoffnung und Freude gewinnt!.

Band 1: Wie alles begann*

Band 2: Macht und Ohnmacht

Band 3: Der Sieg der Liebe*

Band 4: Gute Nachricht für alle

Band 5: Vom Schatten zum Licht*

Ellen G. White
Die Geschichte der Hoffnung
TOP LIFE Wegweiser Verlag / Advent-Verlag Schweiz
5 Bände, Hardcover im Schuber,
   20 x 23 cm, Art.-Nr. 16042
* auch als Paperback erhältlich, 14 x 21 cm

Der bessere Weg zu einem neuen Leben

Viele Menschen sehnen sich nach Geborgenheit und Liebe, Hoffnung, Halt und Frieden: Sie sehnen sich nach einem besseren Leben. Die Frage nach Gott bewegt heute noch viele, die ihr Leben hinterfragen und nach einem Sinn über den Tod hinaus suchen. Jesus Christus sagte: „Ich bin der Weg, die Wahrheit und das Leben." Ist er wirklich die Antwort auf dieses Fragen und Suchen?

Die Autorin gibt inspirierende und herausfordernde Antworten, biblisch fundiert, lebensnah und verständlich. In 165 Sprachen übersetzt und millionenfach verbreitet, ist dieses Buch eine wertvolle Orientierungshilfe in Lebens- und Glaubensfragen.

Ellen G. White (1827–1915) schrieb mehr als 5000 Artikel und 40 Bücher über biblische Themen, Erziehung, Gesundheit und Prophetie. Ihr besonderes Anliegen war es, den Menschen Gottes uneingeschränkte Liebe zu zeigen, die zu einem neuen Leben befreit.

Ellen G. White
Der bessere Weg zu einem neuen Leben
Advent-Verlag Lüneburg
Paperback, 120 Seiten, 11 x 18 cm, Art.-Nr. 7723
auch als Magazin erhältlich:
80 Seiten, 20 x 26,5 cm, Art.-Nr. 7724

Allmächtig?
Ohnmächtig?
Gerecht?

Warum lässt Gott all das Leid auf der Welt zu, wenn er liebevoll und allmächtig ist? Kann er nichts dagegen tun?

Eine ausführliche Erörterung findet man im Buch Allmächtig? Ohnmächtig? Gerecht?. Es erklärt, wie das Böse in diese Welt gekommen ist und warum Gott es zugelassen hat. Darüber hinaus widmet es sich Fragen wie: Kann man Gott vertrauen oder muss man Angst vor ihm und seinem Gericht haben? Wie vereinbart es sich mit Gottes Gerechtigkeit, wenn es guten Menschen schlecht und bösen Menschen gut geht?

Die Antworten auf diese Fragen sind wichtig, denn sie beeinflussen unser Lebensgefühl und unseren inneren Frieden grundlegend. Der Autor beleuchtet sie in einem Zwiegespräch über Gottes Handeln, das sich während eines Nachtfluges über den Atlantik mit einer Mitreisenden entspann.

Gerhard Padderatz
Allmächtig? Ohnmächtig? Gerecht?
Ein Dialog über Gott und sein Handeln
Advent-Verlag Lüneburg
Paperback, 176 S., 11 x 18 cm,
Art.-Nr. 1885; Art.-Nr. 7708 (5er-Pack)